PriPri プリプリ ブックス

明日からの保育のヒントがいっぱい！

現場保育者の**実践例**を豊富に掲載！

「気になる子」には こう対応してみよう

上原 文 著

世界文化社

はじめに

　目の前にある1200枚のリアクションペーパー。そこに書かれている保育者の多くの実践。このままここに置き、私が読んでいるだけでいいのだろうか…胸の鼓動が激しくなり、この内容を全国の保育者に知らせたい…。出版社の担当編集者に相談すると「すぐお会いしましょう」と提案してくださいました。その瞬間からこの本の構想が始まったのです。

　私は、保育者が「気になる子」への対応に苦慮している姿を多く見てきました。きちんと知識や理論をふまえて、実践に生きる研修をするべきではないか、単発ではない、シリーズ化したもっと細かい研修が必要ではないか、と考えていました。そこで、長年にわたってお付き合いのある川崎市幼稚園協会の研究部の先生方に相談しました。すると、私の提案に全面的に共感してくださり、年6回のシリーズ研修が実現することになったのです。

　「理論➡実践へ」。この矢印のところを橋渡しする研修が今までありませんでした。難しい理論だけの研修、個人的な経験を話すだけの研修、そのどちらでもない、きちんと科学的理論をふまえたうえで、保育現場でどう対応するかを具体的に示す研修が強く望まれる時代になっている、と感じています。

　私は35年間療育センターに勤務していましたが、ソーシャルワーカーとして多くの園や学校を訪れ、連携の仕事（保育や教育方法の相談・研修・コンサルテーションなど）をしてきました。その後、「子どものまわりにいる専門職への支援」をメインに活動を始めて8年が経過しています。その間に実感したのは、はっきりとした「障害児」ではないけれど、「特別な配慮が必要な子」は増えているという実態です。また「愛着形成の不足」による落ち着きのなさをみせる子どもも激増しています。こういった子どもたちへの適切な対応なくして「幼児教育全体」を語ることはできないのではないだろうかという思いがますます強くなりました。

　こうして、2015年に「理論➡実践へ」をテーマに「川崎市の幼児教育を考える」研究会がスタートしました。結果をふまえて2016年度も継続し、さらに2017年度も行う予定になっています。趣旨に賛同いただいた園からはたくさんの保育者が参加してくださいました。受講者は全回出席が条件です。2年間で200人。研修のたびに一人ひとりに書いていただいたリアクションペーパーは6回分、1200枚にもなりました。

　私は「How To（～すればうまくいく）」というような本を書くつもりはありませんでした。しかし、リアクションペーパー1枚1枚に書かれた真摯な実践に胸をうたれて、ぜひ紹介したいと思いました。毎回全部のリアクションペーパーに目を通しますが、そこには理論に基づいた小さな工夫、大きな工夫が綴られています。そして、そのどれもが子どもたちのその後の姿に反映されています。1200枚すべてを掲載したいところですが、誌面の許す限り、できるだけ多くの実践例を載せることにしました。

　川崎市で行った研修の概略をここに載せておきます。

研究会の内容（毎回・講義とスライド）

1	5月	子どもと家庭をめぐる今日的課題と具体的対応・全般的課題・「要配慮児」の2つのタイプの考察 特に「発達障害のすそ野にいる子どもたち」の科学的特徴と、それに対する、教育現場における具体的対応
2	6月	もう一つのタイプと思われる「愛着形成の不足」ぎみの子どもたちの特徴とその具体的対応 ※発達障害のような症状が見られる子どもの問題行動への対応
3	9月	リアクションペーパーフィードバック　保護者対応について（すべての保護者に）
4	10月	リアクションペーパーフィードバック　保護者対応について（発達に疑問があると思われる子の保護者）
5	11月	リアクションペーパーフィードバック　不適切な養育について・必要なもの今とこれから：園として保育者として

さらに6回目は研究大会として開催します。5回目までの受講者だけではなく、受講できなかった他の多くの保育者が参加します。

　リアクションペーパーは、毎回研修の終了後にその場で受講した保育者に書いていただきました。これがこの研修の大きな特徴です。

氏名　　　　　　　　所属　　　　　　　通算の経験年数

1．感想

2．この講義を聞いて自分はどのようなことに取り組もうと思いますか

特に4回目の研修後は

氏名　　　　　　　　所属　　　　　　　通算の経験年数

1．今までの講義を聞いてどのような工夫をしましたか

2．その結果どうでしたか

研修を受けるようになってから自分が取り組んだ実践とその結果について書いていただきました。

　リアクションペーパーは講義終了後、20分ぐらいで記述するのですが、皆、用紙いっぱいに書いてくださいます。工夫や取り組み、そして子どもたちや保護者の変化がいきいきと書かれています。

　「本にして全国の保育者に紹介したい」と思った理由にはもうひとつあります。1回目のリアクションペーパーに、「わがままだと思っていたのは、こういう子どもたちだったからなんですね。誤解していました。今までの子どもへの対応を思い浮かべると胸が痛いです」と書かれていたことばです。私にとっても衝撃でした。「『目の見えない子によく見なさい』というような指導になっていたのではないか」という痛恨の思いを書いた保育者が非常に多かったのです。たしかに、「気になる子」は誤解されやすい子どもたちです。科学的な理論を知らなければ、対応できないのです。

　今も、こうした知識を持たずに、間違った対応をしてしまっている保育者が多いのではないかと思われます。子どもたちは、苦しい思いをしているのではないでしょうか。自己不全感が重なっているのではないでしょうか。その子たちの未来はどうなるのでしょうか。

　どうぞじっくり読んでみてください。同じ「子どもたちにかかわる仕事」をしている保育者と、悩みや戸惑いを共有できることでしょう。「思い当たる」ことがきっとたくさんあるはずです。「私のあのときの対応は子どもにとってどうだったのだろう」と思い起こすことでしょう。研修を受けた保育者たちの「胸が痛む思い」を、これ以上繰り返させたくありません。ぜひこの中のひとつでもふたつでも参考にし、実践に役立ててください。

　子どもたちの未来は保育者の皆さんに託されています。

　一刻も早くこの本を届けたい思いでいっぱいです。

もくじ

第1章 子どもたちは今――子どもと家庭をめぐる今日的状況について………5

第2章 愛着形成の不足で落ち着きのなさを見せる子どもたち――
一人ひとりを受け容れる………11
保育者の実践例　一人ひとりを受け容れる………22
　　　　　　　　「受容」の大切さを保護者に伝える………30

第3章 「発達障害のすそ野にいる子どもたち」………37
保育者の実践例　子どもの状態の理解………49
　　　　　　　　環境について………54
　　　　　　　　日常生活の中で………57
　　　　　　　　製作や活動の場面で………62
　　　　　　　　時間的整理………63
　　　　　　　　聴覚的整理………64
　　　　　　　　問題行動への対応………68

第4章 保護者支援について
（特に「発達障害のすそ野にいる子どもたち」の保護者に対して）………73
保育者の実践例　保護者支援について………78

第5章 「気になる子」を支えるために…………83
保育者の実践例　研修について………90
　　　　　　　　保育者間の連携………94
　　　　　　　　虐待について………96
　　　　　　　　子どもにかかわる職業として………98

第 1 章
子どもたちは今──
子どもと家庭をめぐる
今日的状況について

　近頃の最も顕著な課題として、「落ち着きのない子、気になる子」の増加ということがあげられます。「文部科学省が調査をはじめた1993年度との比較で発達障害児が2015年に7.4倍に増えているという報告があるが、20年余りでそれほど増えるわけはなく、これは診断名がつけられるようになったからである」「昔であれば、『ちょっと変わった子』や『カンの強い子』といわれていた層がすぐ『発達障害児』にされてしまう時代になったからである」。「気になる子」が増えた理由をこのように分析する考えもありますが、本当にそうなのでしょうか?

　残念ながら、私が保育・教育現場にかかわってきたこの40年間の子どもたちの状態の変化は、そのようなことでは片付けられないと感じています。子どもの状態を数値で表すことはできません。しかし、おそらく40年前には見かけなかった、判断に迷う「気になる子」たちが多くなったことを、保育・教育現場にいる者として認めざるをえません。

　1977年ごろから各都市で行われている1歳半健診でもそのような変化があります。受診児が100人だとしたら、ほぼ100人が通過するものとして作ってある項目が、今では半分以上は不通過児であるということが知られています。フォローしきれないため、健診の時期をずらした都市もあるぐらいです。子どもたちの状態は、40年前とは確実に変化してきているのです。

「気になる子」の増加

　2003年末に文部科学省から出された「特殊教育から特別支援教育へ」という提言は、教育の現場に、非常に大きな転換期が来ていることを知らせていました。それは「特殊教育から特別支援教育へ」という思想的転換だけではなく、障害像が変化してきていることへの警鐘でもありました。それまでの特殊学級や養護学校（現在の特別支援学級、特別支援学校）に在籍する児童への対応だけではなく、次第に増えつつあった普通学級にいる多くの「気になる子」に対して「どう対応したらよいのか」ということが緊急課題であることを示していました。支援の模索の始まりであったといえます。「LD、ADHD、高機能自閉症、等」と書かれていましたが、実際には専門機関にはつながっていない子がほとんどで、診断名として確実にあったわけではありません。その当時文部科学省の統計ではそうした子は全体の約6パーセントとされていましたが、私の実感としては当時からもっといた気がします。そしてそれから10年以上経過し、私の予想を超えて、落ち着きのない子は増え続けています。

　専門機関にはつながっていない、しかし、対応に特別な配慮を必要とするこの子たちを「気になる子」として最初に私が本を書いたのが2010年でした（『あなたのクラスの気になるあの子』・すずき出版刊）。それから7年たちました。保育・教育現場ではこの子たちへの対応にますます苦慮している現実があります。専門機関にはつながっていない、またつなげることも困難な子どもたちなので、「気になる子」としか書きようがありませんでした。あるいは特別な配慮を必要とする子ということで、私は「要配慮児」としていました。

　最初の本を書いてからの7年間、私が勤務した療育センターのある神奈川県横浜市だけでなく、全国各地を訪れましたが、どこでもこの問題に悩んでいました。幼児教育や保育は、この問題を抜きにして語れなくなっています。「健診で半分以上の子が不通過児、つまり育っているはずのものが育っていない要フォロー児になっている現実があります」と私が講義で伝えても、数年前なら「えー！」と驚愕の声があがったものですが、最近は受講している保育者はむしろ納得顔です。誤解を恐れずに言えば、園のクラスによっては7割ぐらいが、「気になる子」なのではないか、と思えるような現実があるからです。

　前述したように、子どもの状態を数値では表せません。しかし、その職業についている人が感じる職業実感のようなものは、かなり真実であり、おそらく「気になる子」に関していえば全国に共通した姿なのではないか、と思っています。

　私が各地で行っている講座では、受講者にリアクションペーパーを書いていただいています。するとほぼ全員が「思い当たります」「該当する子の顔が浮かんできました」「増えています」と書いているのです。

2 「気になる子」について　推察される2つのタイプ

　健診で不通過になる半分以上の子どもたちには、2つのタイプがあるのではないかと推察されます。1つは急激に増加してきたいわゆる「発達障害」のすそ野にいるタイプ。もう1つは、「愛着形成の不足で落ち着きのなさ」を持っているタイプです。もちろんクリアに分けられるわけではなく、その両方が重なっている場合も多いのですが。

子どもたちの状況についての2つの推察

気になる子ども・落ち着きのない子ども

発達障害とそのすそ野　　**愛着の問題**

発達障害のすそ野にいる子どもたち

「発達障害のすそ野にいる子どもたち」について書く前に、この40年で変化してきた「障害像」について説明します。

「自閉症」といわれる障害が世界で最も早く紹介されたのは1943年です。アメリカのレオ・カナーという人によって報告されました。人類誕生の初期の頃からあったといわれるほかの知的障害と比べると、新しい障害といえるかもしれません。「自閉症」ほど、誤解の中で変遷してきた障害はないのではないでしょうか。かつては「母子関係」が原因の心身症である、とか、テレビが原因などといわれたこともありました。また、名前から受ける誤解もあって、単なる内向的な人まで「私は大学時代、自閉症でした」などと言ったりしました。現在は脳の機能障害ということが知られています。また状態像も多岐にわたっているため、分類も年々変遷してきました。現在では「発達障害」のひとつで、その中心的な障害ともいわれています。

私はソーシャルワーカーとして、たくさんの「自閉症」といわれる子どもたちや、その「周辺児」に出会ってきました。そして診断名の変遷についても学びましたが、診断をくだすことよりも、子どもたちを「どう生活しやすくしていくか」ということを強く支援の中心に置いていました。診断名が何であれ、暮らしていくのですから、重くても軽くても「生きていけるように」「過ごしていけるように」…を支援の中心に置くべきだと考えていたからです。

誤解された時代が長かったせいか、「自閉症」の指導や治療の中には現実離れしたものも多かったのです。そうしたものは、本人やその家族をますます生活しづらくしてしまい、苦しめるものであることもわかりました。

私がソーシャルワーカーの仕事を始めた当初は、仕事が細分化されていなかったので、「気になる子」に必要なことは何でもやりました（拙著『私のソーシャルワーカー論』・(株)おうふう刊）。ソーシャルワーカーとして相談を受けるだけでなく、グループなどでの実際の保育もし、保護者支援や関係機関との連携も行いました。

そして、どういう支援をするとどうなるのかを確認するため、35年間、子どもたちとその家族を定点から見続けました。日本の支援制度は幼児期、学校期、成人期と輪切りのようになっているので、幼児期から成人期まで継続して見られるところはあまりありません。幸いにも、私はそれができる機関にいたので、幼児期の指導が後々どうなっていくかを把握することができたのです。幼児期だけを担当したのでは、本人や家族が将来どうなっていくのか、あまり想像ができなかったと思います。

「発達障害のすそ野にいる子どもたち」に関しては、幼児期に指導を始めるか否かが、将来、生活しやすくなるか、難しくなるかの鍵でした。私の実感では、2歳頃からある程度の指導をしていくと、症状の軽重にかかわらず、その子なりの社会適応が可能でした。5歳頃からでは遅すぎるくらいです。そして、就学前の指導が18歳以後の人生にいかに影響を及ぼすかがよくわかりました。また、私は教育委員会にかかわる仕事もしているのでわかるのですが、この子たちの支援については、学校に入ってから軌道修正することは、かなり難しいのです。

第1章

子どもたちは今—
子どもと家庭をめぐる
今日的状況について

できるだけ早く支援を開始するほうがよいのですが、保護者が養育意欲を失わないように配慮しながらわが子の状況を伝えるのは、簡単ではありません。ここでも専門技術が必要になります。

「障害像の変化」について、「専門家」の中でも気づいていない方が多いことが大変残念です。昔からいた知的障害の人たちより、「発達障害」の子たちが数的にも非常に多くなっています。以前と同じように、「統合保育」や、「みんな一緒」という視点からだけで語られるのはむしろ危険です。もちろん障害のある人にもない人にも、等しく人権があります。しかし、この子たちの特徴を科学的に知れば、単なる「子どもに寄り添う心」や「ヒューマニズム」だけでは決して救えない、特別な技術が必要な子どもたちだとわかります。

こうして書いてくると「発達障害」の子どもたちの支援も難しいのですが、「そのすそ野にいる」と思われる子どもたちの支援はさらに難しいといえます。「すそ野にいる子どもたち」については第3章で詳しく書きますが、外見上きわだった特徴はなく、一見普通に見えたり、特別な能力があるように見えたりもします。「障害」という認識がないと、「しつけの悪い子」、あるいは「わがままな子」と誤解される場合も多いのです。

社会適応があまりよくないということに関していえば、はっきりした「発達障害」の人たちよりさらに深刻です。なぜなら一見普通に見えることが多いので、周囲からの誤解を受けやすいこと、そして、本人に大きな「自己不全感」が積み重なる場合が多いからです。

「発達障害のすそ野にいる子どもたち」は、専門機関につながらない場合が多く、つながったとしても、専門機関は子どもたちに、日々のプログラムを提供できるほどの余裕はないのです。だとすれば、保育園・こども園・幼稚園や学校の先生方がエキスパートにならないと、この子たちは救われません。ところが、保育者や教師が学校で学んだ技術では対応できません。かえって難しい子にしてしまうおそれがあります。私が言う「特別な技術が必要」とは、そのことなのです。

誤解を恐れずに言えば、社会問題になっている「青少年の罪悪感の感じられない犯罪」や「凄惨なイジメ」、親になってからの「激しい虐待」なども、このことと無縁ではないように思います。この子たちの支援のために、保育者や教師はどうしたらよいのでしょう。現状では、大学や養成校でのカリキュラムがない以上、現場についてから学ばざるをえません。療育センターに勤務していた35年間、そして、その後も、私が園や学校に直接出向いてコンサルテーションや研修講座を続けているのは、そのためといえます。

「愛着形成の不足で落ち着きのなさを見せる子どもたち」について

　「愛着形成の不足で落ち着きのなさを見せる子どもたち」も、大変な勢いで増加し続けています。子どもたちはほんとうの意味で受容されているのでしょうか。自分を受け容れてもらいたいために、注意獲得行動を繰り返す子どもたち、初めて出会った人にも躊躇なく接する子どもたち…。幼児を担当する誰もが、この子たちの将来を心配しています。

　私は、近年行われてきた「子育て支援策」に「心の発達」が吟味しつくされていない現実があるようにも思います。

　「愛着形成の不足で落ち着きのなさを見せる子どもたち」については、第2章で詳細に書いていきます。

第2章

愛着形成の不足で落ち着きのなさを
見せる子どもたち——
一人ひとりを受け容れる

「母子関係」ということばを簡単に発することができなくなったのは、何年前ぐらいからでしょうか。しばらく前は「お母さんとの関係の大切さ」はもっといわれていたはずです。お母さんとの関係はすべての人間関係の基本だといわれていました。古今東西、たくさんの心理学者が研究し、提唱してきた定説が、語ってはいけないことのようになってきたのはいつごろからでしょうか。「お母さんだけに育児を押し付けないで」という考えや、「女性の社会進出」「経済の担い手としての女性労働」などの施策の影響なのでしょうか。行政の「子育て支援策」にはどちらかというとワークライフバランスのことが中心に書かれている気がします。しかし、私はそれらの考えと、人間としての子どもの心の育ちとは次元が違う問題ではないかととらえています。どういう世の中であれ、心の育ちは歴然と存在するものです。「子どもを預けて働く」ことを否定しているのではありません。しかしそういう世の中であればいっそう、人間としての心の発達に目を向ける必要があるし、それなりの工夫が必要なのではないか、と思っているのです。

語られなくなった「母子関係」

　私は今までに、特別な配慮が必要な子どもたち＝「要配慮児」について4冊の本を著してきました。それらの本では、共通して「要配慮児」の2つのタイプのうち「発達障害のすそ野」にいるタイプを先に書きました。けれど、今回はもう1つの「愛着形成が不十分だった」と思われる子どもたちの問題を先に書こうと思います。なぜならこのタイプの子どものほうが何倍も多く、ますます増え続けているように見えるからです。そしてこのことを、子どもを持つすべての親、そして子どもたちに接するすべての保育者に知ってほしいからです。

心の発達で最も重要なところ

　エリクソン、ウィニコットなど、多くの精神科医や心理学者が言っているように、心の発達で最も大切な時期は0～1歳半（学者によっては2歳）までです。記憶に残らないこの時期の体験が人格をつくる、といわれています。エリクソンはこの時期に得る心の奥の安定感を「基本的信頼感」と名付けました。またウィニコットは「基本的安心感」と名付けました。こうした理論が発表されてから50年以上たち、今では臨床というより脳の分子レベルで、これらが証明されつつあります。つまりこの時期の対応が、不安をコントロールする働きを持った神経伝達物質などの量に影響してくるというのです。

　また、心の発達には飛び級がなく、ひとつひとつの段階を順番に乗り越えていかないと、課題がそのまま残る、といわれています。ほんとうに人格をつくり始めるのは思春期前期（小学校高学年以降）＝エリクソンの言うアイデンティティ獲得の時期ですが、一番土台である最初の時期に通過するべき課題をクリアしていないと、そこまで到達できないのです。アイデンティティは一般には「自我同一性」と訳されます。いわば「心のよりどころ」のことです。ほんとうに依存できるものがなければ、自立はありえないことを今まで多くの学者が伝えてきました。この、心のよりどころを得られていない「心のよりどころ障害」（私の造語ですが）の子どもがこんなにも増加していることに、私たちはもっと目を向けなければなりません。

　0歳から2歳までは自分では何もできない時期、つまり「すべてのことを外の世界に頼らないと生きていけない時期」であり「泣くこと以外、無力」な時期です。これを「絶対依存の時期」といいます。この時期は「すべてを受容」してあげる、「絶対受容」のかかわりをすることで、基本的信頼感、基本的安心感が得られます。泣くこと以外無力ですから「おなかがすいた」「おむつが濡れた」「暑い」「寒い」を泣くことだけで表現します（ことばは発しなくても、快、不快の感覚は最初からあります）。「泣いたらすぐ行って、

泣いたことの意味を理解して対応してあげる」ことが必要なのです。自分が要求したことに外の世界が応えてくれた経験の積み重ねで、「外の世界は自分の要求をかなえてくれる」という安心して依存できる心の奥の安定感が生まれるのです。逆に「泣いても泣いても要求がかなえられない」ことが重なると、外の世界に対する不信感が生まれます。自分が頼んでもかなえられないわけですから、心の奥に不安感が生まれてしまうのです。

頼んだことをやってもらえたことで心の奥深くに生まれた自信は、私たちが考える以上に根源的なもののようです。後年いろいろな挫折にあって落ち込んでも、また新しい方向に努力することができる自分への自信の源といわれています。「望むままに受けとめる。望んだ形で受け容れる」「ありのままを受け容れる」。これが「受容」です。

それでは外の世界とは、主に何を指すのでしょうか。かつて多くの学者は「母親」と言ってきましたし、私もそう思います。このことについて、誤解があるようです。「母親だけに育児を押し付けないで」「母親だけの責任じゃない」「母性信仰が母親を苦しめる」。こうした声が大きくなり、母子関係ということばが使いにくくなってしまったのではないでしょうか。

私は、育児を母親に押し付けようとも、母親だけが苦労すればいい、とも思っていません。しかし、動物学的に見ると、やはり子どもにとっては母親が一番大切な存在だと思います。授乳の行為だけではなく、声のトーン、肌の柔らかさなど、まだ目も見えない赤ちゃんでも母親がわかるのです。自分の母親を判別できるものがあるとすればそれは匂いでしょう。他の感覚に比べて嗅覚についてはまだ知られていないことが多いのですが、「匂いを感じる嗅球といわれるものは扁桃体につながっていて、その扁桃体は感情を司る大きな役目」をしています。寝ている新生児期の赤ちゃんの顔の横に、その子の母親の母乳をつけたコットンと、粉ミルクをつけたコットンを置くと、赤ちゃんは母乳の匂いをかぎわけ、そちらを向くそうです（保育ナビ2012年4月号「赤ちゃんをもっと知るために」・フレーベル館刊）。むずかる赤ちゃんを母親が抱くと概ねおさまるのは、抱き方ではなく匂いなのではないか、と私は思っています。その大好きな匂いのお母さんに「受容」されるということは「世界に受容された」、と同じといえるでしょう。肝心なのは、お母さんが安定した子育てができるように周囲が支えていくことです。「お母さんが大切なのですよ」ということを伝えて、そのうえで周囲がその母親を支えるための施策や支援を考えるべきでしょう。夫をはじめとした家族、そして行政の施策、どれも必要です。しかし、今のままではこの大切な「母子の関係」がおろそかになっているように思えてなりません。

「母子関係の特異な点はそれが単なる心理的なレベルを超えて、生理的、神経的、身体的レベルにまで影響をおよぼすことだ。幼いころに受けた心の傷が無意識のうちにその人の行動を左右するというだけではなくもっと根本的なレベルで、言うなればその人の脳の構造自体を、半永久的に変えてしまうという意味なのだ」（『母という病』2012年・ポプラ社刊）と、精神科医で心の問題についての著書の多い岡田尊司氏は書いています。

「受容」のためにはできるだけそばにいたほうがいいのです。安定のためには、たえず「安定するための栄養」を送ることが大切です。それは食べ物より大切な「居心地のよさ」、特に「触覚をとおしての安心感」であることを証明した有名な実験があります。イギリスの心理学者・ハーロウが行ったワイヤーモンキーの実験です。

第2章
愛着形成の不足で落ち着きのなさを
見せる子どもたち―
一人ひとりを受け容れる

13

サルの母親の人形を柔らかい毛布のもの、針金でできたもの（サルの模型）と2種類用意しました。針金の人形にだけ、哺乳装置がついています。子ザルを脅かすと、間違いなく毛布で作った母親に抱きつきます。哺乳装置がついていても、ほとんど針金の人形のほうには行かなかったそうです。つまりミルクより感触のほうを選んでいたのです。これがスキンシップといわれるものでしょう。「触られる」ということは「快」でプログラミングされています（「発達障害のすそ野にいる子どもたち」はここが少し違います（第3章P.39参照））。

人間の本能のひとつに「集団欲」というものがあります。人間は「つながりあって生きていく動物」であることは間違いないのですが、だからといって「子どもはなるべく早く集団へ」「子どもは社会で育てるべき」ということとは少し違うのです。「集団へ」「社会へ」の前に確実に「個」や「自我」としての安定を得ることが必要です。「個」や「自我」の安定なくして、つまり「その子自身の心の奥の安定」なくして他とうまくつながりあうことはできないからです。このことを一部の学者や子育てに関する行政を担う人たちに、もっと理解していただきたいと思っています。

子どもを最初の段階から集団で育てる有名な形態に、イスラエルのキブツがあげられます。建国後に行われた農業共同体です。子どもたちは子どもの家で暮らし、専門のスタッフが昼も夜も交代で子どもの世話をしました。母親は授乳の時間だけやってきて、それ以外は職場に戻るのです。開墾や農作業に多くの女性の労働が必要だったため、子育てが効率化されたのです。キブツで育てられた子どもたちはどうなったのでしょう？　岡田尊司氏によると「愛着が不安定な子どもが急増しただけでなく、おとなになっても情緒不安定な人が多くなってしまった」ということなのです。

この事実は、アメリカの育児を研究したエリクソンの研究報告と似ています。開拓期のアメリカでは、新しい国を発展させる強いおとなになってほしい、という願いから、厳しい育児をしたそうです。泣いても泣いても定時になるまでミルクをあげない、とか、添い寝や抱っこもなるべくしませんでした。その結果、強いおとなどころか、情緒不安定の人をたくさんつくりだしてしまったというのです。今でもアメリカは各種の依存症が多い国として知られています。薬物依存やアルコール依存の人たちのリハビリ施設が多かったり、回復プログラムがきちんとしているといわれていますが、ほんとうは最初のボタンをかけ違っているからなのではないでしょうか。つまりそういう人が多くいて、その施策を講じる必要があったからではないでしょうか。そして、今や日本もそれを追いかけているように危惧を感じるのは、私だけではないと思います。

② 伝えられていない子育ての基本

今、さらに心配なことは、この子育ての基本である「受容」とその内容について、すべてのお母さんになる人に伝えられていないことです。核家族化が進み、地域のつながりも希薄に

なる中で、ネット上のタレントの子育てブログなどを参考にしてしまう母親も多いと聞きます。私はかなり以前から、行政の担当者に「受容」について伝えるように訴えてきましたが、その考えさえ、時代に逆行していると受けとめられるようなのです。

妊娠すると役所に「母子手帳」を受け取りに行きます。その後、自治体によっては4～5回の母親教室がありますが、ほぼ妊娠中の過ごし方に焦点があてられているようです。最終回は父親も含めての沐浴指導であったりします。もちろんそれも大切です。

しかし、もっと大切なのは、生まれて6か月以内ぐらいの子を持つ両親に「子育てについて」の勉強会を実施することなのではないか、と私は強く思っています。「初期の受容の重要性」について学ぶ機会の提供です。ある地方都市で実際に取り組んでいたことがあります。私はその市から依頼されて、年に2回、指導に行っていました。勉強会は日曜日でしたが、両親が講習を受けている間は、役所の職員総出で隣室で子どもを預かるという態勢をとりました。なぜ生後6か月の時期に勉強会を行うのか? 出産前はまだ実感がありません。6か月目ぐらいが、「無条件で受容できる」月齢といえるからです。

いろいろな都市で行われている「子育て教室」は申込制であったり、3歳以上で行われたりします。申込制だと、育児熱心な人はともかく、意識を変えてほしい、育児に関心が低い人たちが申し込む可能性は低いでしょう。また3歳以上だと、ちょうど第一次反抗期の真っ最中で、子どもを無条件で受容することは難しいので

す。生後6か月ぐらいのときに、3歳ぐらいになったらこうなりますよ、と予告しておくことが大切なのです。

たとえば、「3歳前後から、子どもは自分の気持ちを表現するようになります。それがお母さんからの独立なのです。とても重要ですよ。でも表面上はとても憎たらしい言動をしますね。『お風呂に入ろうね』とお母さんが言って、『はーい』と言っているうちは母子は同体です。『お風呂に入ろうね』と言ったのに、『いやだ! これをやってるんだもん』と言い返されたらつい叱りたくなりますが、その子の『自我』が形成されてきた表れなのです。この時期の子どもは叱られるようなことをたくさんします。いちいち叱るなと言う人もいます。でも叱らざるをえないことがあるでしょう。そういうときは、叱ったことをすぐ忘れるような叱り方がいいんです。とりかえしのつかない叱り方はしないようにね」などと伝える必要があるのです(こうした対応の仕方は、第3章の「発達障害のすそ野にいる子どもたち」に対するものとは違います)。

私は「子育て教室」は任意ではなく、システムとして、つまり、予防注射や健診のように両親全員にきちんと義務として設定するべきである、と思っています。そしてこの「子育ての基本」は、「子どもを預けて働くこと」や「女性の社会進出」と矛盾しないように、「施策を講じること」が重要です。さらに子どもに関係するすべての機関が、母親たちに「子育ての工夫」を伝える大事な役割を担っていると考えています。

③ うまく受容されなかったとき

　では、うまく受容されなかった子どもがどのような状態を呈するかを考えてみます。

　まず、その子自身にあらわれる状態です。

> ●指しゃぶり→爪かみ→おもらし、夜尿、チック、吃音→体の痛みや吐き気など各種心身症のような状態

　心身症は心の問題が原因で身体的な症状があらわれる状態をいいます（指しゃぶりや爪かみなどは心身症ととらえなくていいのかもしれません）。また、おもらしや夜尿は排泄が自立してからのことです。チックや吃音は心の問題だけが原因ではありません。このようなことがあるので簡単には書けないのですが、子どもは心と体がうまく分化していないので、ストレスが身体症状に出てきやすいのです。それに、子どもは「ストレス」や「悩み」ということばを知らないため「いやだなあ」という状況をはっきり自覚できないのです。自覚できないから解消の手段がありません。だから小さなことでも体に出てきやすいのです。おとなはある程度、悩みやストレスを自覚できるし、解消の手段があります。悩みそのものが解決しなくても、誰かに相談することで少し軽減したり、スポーツをしたり、テレビを見たりすることもストレスの解消の手段です。しかし、おとなでも強いストレスは体に出てきます。夜眠れなくなったり、次の日、頭が痛かったりします。人はストレスを感じると、自然にそのストレスとは離れたことをしようとします。試験が近づいてくると本が読みたくなったりします。子どもたちが無意識

にする指しゃぶりや爪かみもストレスのあらわれと考えてもいいでしょう。ストレスがエスカレートしていくと、体のいろいろなところに症状があらわれます。心身症が進むと不登校やひきこもりなど、深刻な問題が生まれてきます（もちろんこのようにクリアに書けることばかりではありませんが）。

　療育センターに勤務していたとき、「障害」を持つ子の兄弟姉妹の多くは体の痛みを訴えていました。仮病ではないのです。親の関心は障害のある子に向きがちなので、無意識に「自分を見てほしい」という気持ちが強くなり、それが体の痛みとしてあらわれたのです。解消法として、「週末の一日、父親に障害のある子を見てもらい、他の兄弟が母親を独占できる時間をつくってください」、などとアドバイスしていました。

　もうひとつの状態は人と人とがつながり合おうとするときの手段の不適当さにあらわれます。いわゆる非行といわれる問題につながるものです。

　人は、自我が成熟して安定していれば、価値観の共有や目に見えない共感のようなもので、他者とつながりあうといいます。自我が未成熟な子どもたちは、強い媒体がないと他者とつながりあうことができません。スリルやスピードなど、強い刺激を間に置かないとつながりあえないのです。

> ●万引→薬物→暴走など

　万引などは、一人でしても、品物を仲間で見せ合います。そういったスリルを共有すること

でつながりあっているわけです。薬物も暴走も一人でということはありません。奇抜な格好をして、成人式で大騒ぎするのも、強い注意獲得行動でしょう。あのまま犯罪などにエスカレートしていったら大変なことになります。またそういった犯罪も現に増えているのです。

4 子どもから見て、自分が拒否されていると思われる状態とは

「子どもが望む形で受容する」とは、どんなことなのか、親に伝えるのはとても難しいです。親が一生懸命育児をしていても、子どもから見ると親から拒否されているという状態があります。私は、このことを保護者勉強会でわかりやすく話しています。保育者が保護者に伝える際の参考にしてみてください。

1. 怒りすぎる親
怒りすぎる親から愛情を感じるのは難しいことです。子どもはシンプルな愛され方が好きです。抱っこ、頬ずり、話を聞いてくれる、一緒にあそんでくれる、などです。ほんとうに好きなのは、ささいなことを自分のためにしてくれることなのです。ひねりのある愛情表現はおとなの側が考えていることで、子どもには理解できません。「あなたを愛しているから怒るんだ」とか、「私の後ろ姿を見れば子どもはわかってくれるはず」などがそれにあたります。

2. あっさりしすぎる親
大人同士でも、顔の表情が乏しい人と話すと緊張しませんか？ この人は私のことばを肯定的にとらえてくれているのだろうか、受け容れてくれているのだろうかと不安になります。ましてや子どもは、母親の表情が乏しければ、気持ちを感じ取ることはできないのです。園でも、わかりやすい柔和な表情の保育者のクラスは安定しています。母親が自分と一緒に笑ってくれたり、感心してくれたり、表情を豊かにしてくれたら、子どもはどんなに安心するでしょう。

3. 完璧主義の親
完璧主義というのは決して悪いことではありません。仕事などでは責任を全うするタイプでしょうし、いろいろな役割をお願いしてもきちんと果たしてくれるでしょう。でも子育てにおいては違います。子どもはもともと不完全な存在です。子どもが一生懸命はいた靴下を「一人ではけたのね」とほめる前に、「曲がっているじゃないの」と言ってしまったら、子どもはどんなにがっかりするでしょう。自己不全感でいっぱいになってしまいます。

4. その子より他のものに気持ちがいく親
これは一番重要なところです。子どもは基本的に「自分だけを見ていてほしい、自分だけを

受け容れてほしい」と強く思っています。子どもだけでなく、人は皆そうなのです。自分だけを受け容れてくれたという思いは人を安定させます。だから、「みんな一緒」「みんな同じ」は、みんなを欲求不満にしてしまうのです。自分以外のものに気持ちがいくことをとても嫌います。たとえば母親が長電話をしていると、子どもは自分のほうを向かせようと、わざと何か聞いてきたり騒いだりします。

また、第1子にとって第2子が生まれる衝撃は想像以上です。「赤ちゃんが生まれるのを楽しみにしていたんです」と母親は言いますが、そんなことはありません。初めて経験することを予想できるはずがありません。私は幼稚園で教育相談をしていた時期があります。ほぼ育児に関する内容で、多くは心身症の相談でした。それもほとんどが第1子でした。下の子が生まれたとき、いいお兄ちゃんになるよう強く望まれたり、あなたはお兄ちゃんだから、と我慢させられた結果でした。中には下の子が生まれてからお兄ちゃんを抱いてあげた記憶がない、という母親さえいました。赤ちゃんは世話が必要なので、母親の気持ちはどうしても第2子に向かいがちです。でも、子どもは自分を一番に見てほしいのです。だから、2人だけになる時間をつくって「大好きだよ」と言ってあげることが大切です。自分が満たされると気持ちが落ち着き、他の子のことが見えてきます。「思いやり」は気持ちが満たされてこそなのです。

母親が仕事をしている場合もこのケースに入ります。仕事を持つと、子どもを預ける時間は長くなります。帰宅して家事をする時間も必要です。「仕事と育児の両立」について、きっぱり割り切る人もいますが、割り切らずに、迷いながら、悩みながら、工夫しながらいくほうがよいと思っています。母親が仕事を持つということは、子どもからすれば、自分以外のことに気持ちが向いている、ということでもあります。愛着についての工夫が必要です。また、小さい子がいる場合の就業の時間短縮や補助金なども検討し、子どもの安定を最優先して母親への支援を考えていかないと、大変なことになってしまいます。

5. その子の状態より高みを望む親

親なら「もっと上」を望むのは当然でしょう。しかし、あまりに「強く」「長く」そう思うのは「現状を絶対認めない」というのと同じです。高い目標を置いた厳しい育児で、伸びる子がいるかもしれません。しかしほとんどの子はそういう緊張感の中では力を発揮できません。跳び箱でも「1回しか跳んじゃダメ」と言われると失敗してしまうけれど、「跳べるまで何回やってもいいよ」と言われると、いつのまにかできるようになります。ほめながら、余分な緊張感を与えずに育てたほうが、たいていの子どもはうまくいくのです。

第2章 愛着形成の不足で落ち着きのなさを見せる子どもたち—一人ひとりを受け容れる

5 保育者としてどうあるべきか

　愛着形成不足の子どものことを一番よくご存じなのは園の保育者でしょう。前述した心身症のような症状があるだけでなく、保育者が説明している場面でも自分のことだけを見てほしくておしゃべりがとまらない子、新しく入ってきた実習生に躊躇なく飛びついていく子、わざと乱暴な行為や言動で、保育者の注意をひきたがる子…。私の話を聞くと「思い当たる子がいっぱいいる」と保育者は言います。そして「かつてよりずっと多いし、増えている」と。そして、こうしたことが集団全体の落ち着きのなさを引き起こしています。第3章で述べる「発達障害のすそ野にいる子どもたち」の保育のためにも、まずは集団全体の落ち着きが必要です。

　では、保育者としてどのように子どもたちに接すればよいのでしょうか。まず保育者が学校で学び、職業についてからもたえず学んできた「愛着」について、保護者には正しい知識がないことを自覚しなければなりません。保育者が思っているほど、保護者は「子どもを受け容れている」とはいえないかもしれないのです。

　保護者の子育て情報の多くはママ友同士のものであったり、ネット上のタレントの子育てブログであったりします。「子どもを受け容れる」ことの重要性と、その方法を、園として、また保育のプロフェッショナルである保育者として、しっかり伝えてほしいと思います。

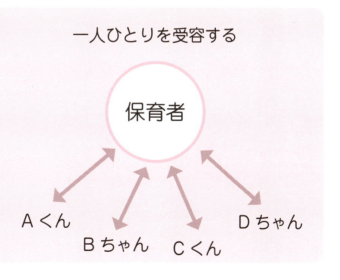

集団全体を落ち着かせるために、遠回りのようですが、保育者は「一人ひとり」を受容することをまず最優先してください。

一人ひとりを受容する

保育者 ← → Aくん／Bちゃん／Cくん／Dちゃん

　ほんとうは母親にしっかりわが子を受容してもらいたいのです。けれど、そのようには受容されていない子が増えている、そんな時代だからこそ、家庭の次の場である園の保育者には、ぜひ「一人ひとり」を受け容れることを心がけていただきたいのです。基本的に子どもは「みんな同じ」が好きではなく、「自分だけを受け容れてもらいたい」存在です。ぜひ「あなただけを見ているよ」ということばや態度で接していただきたいのです。一人ひとりをひいき

してください。「先生は僕だけを見ていてくれるんだ」という思いは子どもを落ち着かせます。そして落ち着いてくると周囲が見えてきます。他の友だちも見えてきます。「思いやり」はそれからなのです。

集団としての指導の基本はまず「一人ひとり」です。

では、次に大事なこと。それは、それぞれの子どもには「してあげたらとても喜ぶこと」「得意なこと」「好きなこと」があるはずです。それを探して、「〇〇くんは、こういうことが好きなんですよ。家でもやってみてくださいね」などと具体的に母親に伝えてください。「子どもが望むように受け容れてあげて」などという抽象的な伝え方では「アイスクリームを要求するたびにあげる」、などと間違った対応をされてしまうかもしれません。

以下は私の話の中核ともいえることばです。

「『全体を見ながら常に一人ひとりを把握し判断し受容すること』は保育者に最も必要な専門技術のひとつといえます」

6 受容の大切さを保護者に伝えましょう

さて、受容の大切さをどう保護者に伝えるか、ですが、1対1で伝えるのは、伝えるほうも伝えられるほうも緊張してしまいます。最初は保護者が大勢いる機会に「皆さん」という呼びかけで、伝えていってほしいと思います（「受容」などという難しいことばではなく、もっとわかりやすいことば＝「受け容れる」などでもいいでしょう）。

子どもが「やってもらったら喜ぶこと」「得意なこと」「がんばっていること」などを母親に伝えるのは、日常的に実践していただきたいことです。どんな小さなことでも、子どもたちが母親から受け容れてもらえるように伝えていきましょう。

1 園だよりやクラスだよりを利用する

園だよりやクラスだよりを出していない園はないでしょうが、行事やお知らせなどが中心になっているのではないでしょうか。私はもっと「受容」の具体的な形を書いて知らせてほしいと思います。ある保育園では月に1回の園だよりで、「子どもはどんなことを喜ぶのか」（抱っこする、おんぶする、体に触る、ひざにのせる、手をつなぐ、涙をふいてあげる、話を聞いてあげる、など）を具体的にイラスト入りで知らせています。また、家事を合理化して一日15分でもいいからラブラブタイムを設けてほしい、とか、保育園から一緒に帰るときは、スマホをいじっ

たりせず、手をつないで話しながら帰ってほしい、とはっきり書いて伝えています。また園で保育者が行っている「ふれあい遊び」なども写真入りで掲載しています。

初めて目にしたとき、私は「え？　そんなことから？」と思いましたが、保護者からは「参考になります」「やってみます」と喜ばれるそうです。

2　懇談会で伝えましょう

「一番伝えたい保護者に限って参加してくれない」という声も耳にしますが、懇談会は、保護者全体に伝えるよい機会です。母親が理解しやすいことばで資料を用意し、伝えていきましょう。もし若い保育者で、年上の母親たちに伝えるのが難しかったら、いろいろな子どもの気持ちを描いた絵本を保護者向けに読んであげてもいいと思います。また参観日に、親子のふれあい遊びを実際に行う園もあります。保育者の皆さんはたくさん知っていますね。意外にも母親たちは知らない場合が多いので、いい機会になるでしょう。

3　勉強会で伝えましょう

保護者勉強会には、ネームバリューのある有名人をわざわざ呼ぶ必要はありません。いつも子どもとかかわっている保育者（園長先生や主任の先生、担任の先生）から伝えるほうがはるかに実際的で、心に響きます。保護者向けにわかりやすいことばで、日ごろのエピソードなどを交えながら、資料を作ってみましょう。楽しく行うことがポイントです。

4　その他

受容の大切さとともに、「生活リズム」の大切さもぜひ伝えてください。生活のリズムを規則正しくすると、精神的に安定します。休日にリズムが乱れるから、月曜日のトラブルが多くなるのです。私の著書（『「気になる子」の未来のために』2016年・フレーベル館刊）なども参考にしながら、わかりやすい資料を作って伝えていきましょう。

愛着形成の不足で落ち着きのなさを
見せる子どもたち―
一人ひとりを受け容れる

保育者 の 実践例

一人ひとりを受け容れる

全体をみながらも
一人ひとりの把握を忘れずに…。

脳の仕組み、0～1歳半までの絶対依存の時期の最重要性を教えていただき、なんだかとてもすっきりしました。保護者にもしっかり伝えていきたいと思います。40年前と今との比較にも驚きました。現代は、初期の母親とのやりとりが減っているわけで、その分、愛着形成が不足ぎみの子が増えているのだということがよくわかりました。「全体を見ながら一人ひとりを受け容れる」ということをいろいろな瞬間に意識してやっていこうと思います。
（5年目）

①先生は自分だけを見ていてくれる→②自分が落ち着く→③落ち着くとまわりが見えてくる→④相手とうまくつながりあう、という流れがよくわかりました。「見て見て」の子が多いクラスなのでドンピシャリな内容でした。一人ひとりをよく見て、その子だけの特別感を感じられるようにしていきたいです。
→2週間ぐらいで落ち着いてきました。特に、愛情を求めるタイプの子が落ち着くことにより、集団全体が落ち着きました。
（5年目）

自分が望む形で母親に受容されている子は、園や学校の先生から受ける愛情は（クラスの人数が30人としたら）30分の1で満足し、落ち着いています。そして、少しずつ先生と親しくなっていきます。しかし、受容されていない子は、いきなり先生に1対1の関係を要求しがちです。それで、集団が落ち着かなくなってしまうのです。ほんとうは母親からの愛情が必要なのでしょうが、まずは園で、保育者が「子どもたち一人ひとりを受容すること」を心がけてほしいと思います。

「子どもは自分だけを受容してもらいたい」「子どもはみんな同じに好きというのが実は嫌い」「自分が望む形で十分受容してもらっている子は安定する。安定すればまわりが見えてくる。友だちへの思いやりはそれからである」ということを学びました。集団を落ち着かせるにはまずこの「1対1で受容する」ことだと思いました。38人の担任として1対38ではなく、1対1が38組あると思って取り組みたいと思います。
（7年目）

※実践例の→には、実践したことによって見られた変化が書かれています。

このことばは大きな反響を呼びました。先生方はみんな感動し、共感したようです。このリアクションペーパーを読みあげて以後、多くの先生が「私も１対１が○○組あると考えたい。そのように取り組んでいきたい」と書いてくれました。

1対1が38組ということばが印象に残りました。もう一度一日の時間の流れを整理して、自由遊びのとき、食事のとき、ちょっとした移動や支度のときなど、1対1の時間をつくることができるよう工夫したいです。
(6年目)

満たされていない子どもたちのことを、お母さんにもっと受けとめてほしいと思っていましたが、園で救われる子もいるのですね。お母さんのひとことにはかなわないと思いますが、10回でも20回でも、子どもたちが「自分を見てくれた」と感じられるような個のつながりを大切に、声かけをしていきたいです。
(8年目)

名前を呼ぶとき、名前だけでなく「素敵だね」「元気だね」…などとひとこと付け加えるようにしました。すると子どもたちは名前を呼ばれるのを楽しみにするようになり、呼ばれたあとも嬉しそうです。名前を呼ぶときだけでなく、日常のふとした瞬間にその子に「特別感」を感じてもらえるような表現を心がけています。「先生は見ているよ。大丈夫だよ」と一人ひとりを認めていきたいです。
(6年目)

1対1の関係がクラスの人数分あるということを念頭に置いて保育することで、クラスの中のあまり目立たない子ども（手がかからない子ども）にも目がいき、できるようになったことや成長に気づけるようになりました。今後も大切にしていきたいです。
(4年目)

「一人だけを受容する」「先生は僕だけを見ていてくれた」という気持ちは、自分自身に置き換えても心が満ち足りることですし、安定感につながることだと思います。それはひいきでは絶対にないです。一人ひとりをひいきし、一人ひとりにその子にしかない「特別感」を与えたいと思います。
(6年目)

自分が子どもの望む形で受容できていたかどうか振り返るきっかけになりました。降園前に一人ひとり握手して少し話す時間を設けているのですが、どの子とも同じようにやっているので、「その子だけに『特別』をプレゼントできることば」を実践していきたいです。
(10年目)

一人ひとりに、その子にだけ特別なことばのプレゼントを贈ることを心がけ、具体的にほめるようにしました。

→ほめられると、子どもの目が一瞬にして明るくなるのを見て、ことばのプレゼントの効果はとても高いと感じます。真剣なかかわりをとおしたひとことを言えるように、目の前の子どもをよく見て接していきたいと思います。 (5年目)

先生が自分だけを見ていてくれた、先生が自分だけにことばをくれた。子どもたちはどんなに嬉しく、満たされることでしょう。園の先生に受容されると、子どもたちは園という新しい世界に受容されたと感じるのです。

自分の保育に自信がなくなっていました。注意獲得行動と思われる子が多くまとまらず、注意することばかりが多かったのです。でも今日の講義を聴き、まずは1分でも30秒でもいいから、一人ひとりとしっかり向き合い、認めるように努力していきたいです。 (7年目)

プリントを配るのを手伝ってくれる、しまい方を教えるのが上手、コツコツと苦手なジャングルジムに挑戦している…そういった姿を見逃さず、一人ひとりに「見ているよ」とことばで伝えていきたいです。 (7年目)

子ども一人ひとりが、達成感、充実感を味わえるようなことばかけをしていきたいと思います。ひとつひとつの活動でより具体的に。たとえば「行進のときの指がまっすぐで素敵」など。

→子どもたち一人ひとりに変化が見られます。今まで見落としている部分も多かったのではないかと反省しています。 (11年目)

子どもたち一人ひとりに「本をきれいにしてくれてありがとうね」とか「落とし物を拾ってくれたね」などささいなことでも声をかけるようにしました。週1回、保護者にも、28人の子どもたちそれぞれの様子を伝えるようにしました。

→家での子どもの様子を教えてくれる、など保護者にも変化が見られます。情報を伝えることがきっかけとなり、コミュニケーションがとれてきているように感じます。 (11年目)

子どもたち一人ひとりを認めるようにしています。「自分だけ」という思いにしてあげたいので、こっそり認めてあげています。
→自分が認められることで、その子たちも他の子のことをほめたり、手伝ったりすることが増えました。
(12年目)

個別の時間を少しずつでもとるようにしました。そして、できたことや、上手になったことを伝えるようにしました。
→集まりの時間の注意獲得行動がなくなりました。一人ひとりとの信頼関係ができてきたと感じます。子どもから「先生はなんでも気づくんだね」と言われました。
(3年目)

子どもたちは「一人ひとり」なんだということを意識し、ほめるときも具体的にほめるようにしました。「○○の色が素敵だね」「おいしそうなものができたね」など。
→さまざまな場面ですぐに「見て見て！」と保育者の気をひく行動が多い子がいたのですが、小さなことでもその子のよいところを具体的に見つけて伝えるようにしました。「先生がちゃんと見ていてくれる」という思いが大きくなったようで、気をひこうとする行動が減ってきました。一人ひとりの受容の大切さを実感しました。
(8年目)

製作物なども「きれいだね」「すごいね」だけでなく、もっと具体的に「この色がいいね」「この目が好きだな」と、細かい部分を見つけてほめていきたいです。また保護者にも、子どもが喜んだことばや好きな遊びを伝え、受容の大切さを具体的に伝えていきたいです。
(7年目)

　これらの話は、新任の保育者にもよい参考になります。「私は『きれいだね』『すごいね』しか言ってこなかったです。それはそれ以上子どもを見ていなかったのだと思います。これからはもっと具体的に言えるように子どもたちをしっかり見ていきたいです」と感想を書いてくれました。

子どもの名前を呼ぶときは視線を合わせましょう。

「赤ちゃんが生まれるのは、お兄ちゃんには経験がないことです。だから、あなたはお兄ちゃんだから、と要求するのは上の子にはとてもストレスなんですよ」と聞き、「そうか、この子たちはつい2か月前まで一日中お母さんと一緒にいた子なんだなあ。園の生活は私たちが思うより、まったく未知の世界だったんだなあ」と感じました。園の生活に適応させようと、ついついせかしてしまったことを反省しています。　　　　　　　　　　　　　　　　　　　　　　　　　　（5年目）

心配な子が何人もいます。まずは担任として「あなたが大切」「あなたが必要」という思いを伝えていきたいです。先生という存在が、大きな安心の場、受け容れてくれる人になれるようにかかわっていきたいと思います。また「ただそう思うから」とか「感じているから」ということではなく、きちんと勉強して専門的知識を持ち、家庭へもわかりやすく発信していきたいと思います。（8年目）

「思い」は尊いものですが、単なる思いだけでなく科学的に学ぶことも必要です。そうして得た知識が「わかりやすく伝える」ことにつながると思います。

家庭に不安がある子が、おなかが痛いとよく訴えてきていました。自分を見てほしいアピールかもしれない、と個別にスキンシップをとるようにしました。
→腹痛の訴えはなくなり、笑顔も増えました。保護者にどう伝えるかがこれからの課題です。（2年目）

今まで受け持った子どもたちのことが思い浮かびました。指しゃぶりがひどかったり、無気力だったり…。そういう形でストレスを表していたのだと痛感しました。あのときもっと子どもとかかわり、愛情を伝えてあげればよかったと、反省しました。　　　　　　　　　　　　　　　　（6年目）

「自分だけを見てほしい」という気持ちの強い子が多くなってきました。活動の中で「見て見て」の人数はかつてに比べてとても多いです。親子関係が変わってきたように感じます。口に4本ぐらい指を入れる子が5人もいます。私がまず、その子たちにとって安心できる人になることが必要です。　　　　　　　　　　　　　　　　　　　　　　　　　　　　　　　　　　　（29年目）

ときには1対1で向き合って、その子だけへのことばかけを大切にしましょう。

第2章
愛着形成の不足で落ち着きのなさを
見せる子どもたち─
一人ひとりを受け容れる

心身症ということばを、初めて聞きました。心の問題が身体に出てくる、と聞いて、今までの多くの子が思い浮かびました。下に赤ちゃんが生まれたり、お母さんにどなりつけられていたり…そういうストレスが症状に出ていたんですね。一人ひとりとの触れ合いを多くすると同時に、お母さんたちにも伝えていきたいです。　　　　　　　　　　　　　　　　　　　　　　（10年目）

　子どもの心身症については「知らなかった、そういうことだったのか」という保育者が多かったです。これは大変意外でした。大学のカリキュラムに加えるなど、子どもの心の発達についてもう少し詳しい学びが必要だと思います。

子ども一人ひとりが自己肯定感を味わうことができるよう、かかわる時間をつくろうと思います。そのつど気づいたときにも伝えますが、出席ノートをしまう際に、今日のできごとや、がんばっていたことを再度話したいと思います。できるだけ1対1の会話の時間をつくるよう配慮したいと思います。　　　　　　　　　　　　　　　　　　　　　　　　　　　　　　　（8年目）

「子どもは自分だけを受け容れてもらいたいもの」と聞き、一人ひとりが「先生って私のことが一番好きなのかな」と思えるかかわりやことばかけをしていきたいと思います。製作や、指先を使うことなどが苦手な子もいますが、手伝いながら、苦手だと思わないようにしてあげたいです。　　　　　　　　　　　　　　　　　　　　　　　　　　　　　　　　　　（6年目）

ピアノを弾くときに、必ず一人ひとりと視線を合わせるようにしました。保育者と目が合うことで、安心して歌えるようです。成長したことやがんばったことを伝えたら、意欲的になり、手本になろうとする子が増えました。　　　　　　　　　　　　　　　　　　　　　　　（8年目）

製作の説明をするときは、声のボリュームを下げると集中します。またわかりやすいことばで説明することを意識しました。完成したものについては「どういうところがいいか」と具体的にほめることにしました。
→自信がついたのか、子どもたちは製作や絵にはりきって取り組んでいます。今まで製作の説明など苦手だったのですが、子どもたちの姿を見て楽しみになりました。　　　（6年目）

　製作物は目に見えるので、具体的にほめてもらえると達成感や充実感が大きいのだと思います。それが自信になり自己肯定感につながるのではないでしょうか。こうした点に、一斉活動の存在の意味があります。

27

「子どもはみんな一緒は嫌い」というのはほんとうにそうだと思います。みんな「自分だけ」を見てほしいのです。登園時にぐずって母親を困らせていた子が「ぴーちゃんちょうちょになっている」と幼虫から飼っていた蝶の羽化に気づきました。「まだみんな気づいていないね。知ってるのは○○ちゃんと先生だけだね」と言ったら、にっこり笑って抱きついてきました。小さなことでも、子どもの心は動くのだと気づきました。

(12年目)

前の日に休んだ子と先生が、昨日の製作を一緒にやっている場面をスライドで見ました。私は、休んだ子にそういう対応をしてきませんでした。自分がやりやすく進めることしか考えていなかったと思います。少しの時間でも、子どもが「先生と話せた」と満足感を得られるチャンスは潜んでいることに気づきました。朝早く登園してきたとき、けがの手当てをするとき、など、一人ひとりと少しでも丁寧にかかわることを積み重ねていきたいです。

(4年目)

一人ひとりを受け容れる方法として、「役割」を取り入れることも有効だと思いました。「○○ちゃんがしてくれたね、ありがとう」「○○ちゃんが手伝ってくれて助かったよ」などと保育者も具体的にお礼が言えるし、子どもたちも「人の役にたった」「ほめられた」と自信になります。他にもいろいろな方法で「受容」を考えていきたいです。

(7年目)

ある新聞に出ていた記事です。小学校時代の同窓会で「先生は僕をひいきしてくれたよね」「私のことをかわいがってくれたよね」などと言い合っていたら、当時の担任の教師が「誰か一人ではなく、クラスの子たち全員を一人ひとり『ひいき』していたのだ」と話してくれたそうです。この記事を読んだときは「すごいな」としか思いませんでした。しかし、保育者という立場になり、難しいけれど、その教師のような志が大切なんだと思いました。

(4年目)

名前を呼ぶとき、ゆっくりと必ず目を合わせるようにしています。苗字と名前の間を少しあけるように「間」をとっています。今までは子どもたちからの元気な返事を期待するだけでしたが、こちらからの「○○君を見ているよ」という気持ちが大切だと気づきました。

(8年目)

名前を呼ぶとき、一人ひとりに「目がキラキラしているよ」などと、ひとことずつ声をかけるようにしました。
→「先生はなんて言ってくれるかな」という子どもの期待も感じられて、楽しみながらコミュニケーションをとることができて嬉しいです。

(6年目)

お弁当や朝の時間に、少しでも「その子だけに特別」と思えるような会話をしました。
→今までより子どもの気持ちがわかるようになり、子どもたちも相談をしてくるようになりました。
（4年目）

何気なくしているようなことも、一人ひとりを丁寧に受容する機会になります。みんなが一緒にいるときに行う方法もあれば、二人しかいないときを見計らって「Sくん、きょうがんばったね」とか「Aくん手伝ってくれてありがとう」などと、こっそり伝える方法もあります。ある先生は発表会のあと、自信をなくしてしまった子に「T君にこの役をやってもらってほんとうによかったと思っているわ。素敵だったよ」と伝えたそうです。T君はどんなに慰められ、嬉しかったことでしょう。

1対1の関係をつくるため、一人ひとりへの声かけを意識しました。保育後に振り返り、その日話しかけられなかった子に対しては、次の日には必ず…と心がけました。
→子どもたちも嬉しそうに話しかけてくれますが、私にもより深く理解しようという意識が高まり、一人ひとりのことを考える時間が増えました。
（7年目）

受け持っている子どもたちが多いと、一日にすべての子と1対1で向き合うのは無理かもしれません。でもそういうときは次の日に…と心がけるのはとてもよいことです。

やめてほしいな、という姿があったとき、皆の前で指摘するのではなく、その子の隣で気持ちを聞いたり、こちらの思いを伝えるようにしています。そうした対応をすることで、一人ひとりが興味を持っていることに、敏感になれた気がします。
（5年目）

その子のそばで気持ちを聞いたり思いを伝えてみましょう。

第2章
愛着形成の不足で落ち着きのなさを
見せる子どもたち―
一人ひとりを受け容れる

29

「受容」の大切さを保護者に伝える

絶対依存の時期が大切だということを知り、子どもの心理がよくわかりました。心の発達は段階的に続いていき、思春期以後にも大きく影響することを、保護者にもうまく伝えていきたいです。　　　　　　　　　　　　　　　　　　　　　　　　　　　　　　　　（5年目）

「その子が望む形で受容すること」が大切だとわかりました。保護者のタイプによっては、子どもが満足を得られない場合があると思います。「子どもの望む形で受容すること」が心の発達の面で大切だということを、保護者に対してわかりやすく伝えたいと思いました。　　（7年目）

胎児期からの心の発達を学ぶことは大切です。しっかり学んで、それをわかりやすく保護者に伝えていきましょう。学生時代から学んでいることですが、保育者になってからも、繰り返し学ぶべき事柄だと思います。

受容やふれあいを大切にするために参観日を大切にしています。できた作品をお母さんに飾ってもらう、作品をほめてもらう、一緒に歌うなどを行いました。
→みんなの前でお母さんにほめられる経験は、子どもにとってとても嬉しいことのようでした。温かい雰囲気になり、クラスに一体感が生まれました。　　　　　　　　　　　　　　（7年目）

一日15分でもいいから子どもとふれあう時間を持つよう、保護者会で提案し実行していただいています。子どもが目に見えて落ち着いてきました。　　　　　　　　　　　　　　　　（7年目）

クラスだよりをもっと活用したいです。週1回発行していますが、今までは保育内容についてばかりでした。「受容の大切さ」や「生活のリズムの大切さ」など、子育てについての情報を加えて、子育てを支援していきたいです。「精神の安定につながるから」など、なぜ大切なのかにまで踏み込んで、わかりやすく伝えたいです。　　　　　　　　　　　　　　　　　　（6年目）

保護者に子育てについて伝えることの大切さをあらためて感じました。園だよりに写真やイラストを入れるなど、伝わりやすいように工夫していきたいです。今までは連絡事項しか書いていませんでした。　　　　　　　　　　　　　　　　　　　　　　　　　　　　　　　　（6年目）

「保護者なら子育てのことはわかっているだろう」という勝手な思い込みをしてはいけないのだと思いました。生活のリズムの重要性や、15分のラブラブタイムのつくり方、読んでほしい絵本の情報など、クラスだよりに載せたいです。　　　　　　　　　　　　　　　　　　（4年目）

他園のクラスだより、園だよりが参考になりました。ふれあうことってどういうことなのか、とか、生活のリズムの整え方などを具体的に伝えています。保育者にとっては当たり前のことでも、クラスだよりや園だよりで知らせることによって、お母さんたちに意識してもらうことが大切だと思いました。　　　　　　　　　　　　　　　　　　　　　　　　　　　　　　（7年目）

懇談会があるので、スキンシップがたくさん描かれた絵本を保護者向けに読みたいと思います。そしてスキンシップをたくさんとってくださるようお願いしたいです。小さなエピソードもそれぞれに伝え、保護者と一緒に子どもたちを育てていきたいです。　　　　　　　　　　（6年目）

保護者にふれあいの大切さについて伝える方法として、絵本を利用するアイデアは私にはありませんでした。これからの懇談会で使ってみたいです。　　　　　　　　　　　　　（4年目）

何か問題が起きてから、1対1で保護者に伝えるのは難しいものです。「皆さん」というように、全体に伝えるほうが取り組みやすいでしょう。そこで、園だよりやクラスだより、懇談会や参観日を利用して、いろいろな方法で「受容」の大切さを伝えましょう。受容について、母親たちが学ぶ機会はあまりないのです。レクチャーするのが難しければ、子ども向けの絵本を保護者に読んであげるのもひとつの方法です。抱っこされたり、母親にやさしくされたときの子どもの喜びなどを描いた絵本を探しておくとよいですね。

一人ひとりの良いところやがんばったところを見つけて、その場で子どもをほめるのと同時に、お母さんにもできるだけ伝えるようにしています。その結果、子どもが家庭でもほめられることが増えたのではないかと思われます。子どもが今まで以上に楽しそうにがんばっている状態を見ると、そう感じ取ることができます。　　　　　　　　　　　　　　　　　　　　　　（8年目）

子どもの様子を具体的に伝えると、保護者はその場で子どもの頭をなでてくれたり、「家でもほめてみます」とポジティブに受けとめてくれます。子どもの表情が明るくなりました。　（7年目）

自分の子が、今日、どんなことを楽しんでいたか、どんなことに興味があるか、などを具体的に保護者に伝えていきたいです。そのために子どもたちをよく見るようにしていきます。（11年目）

「気になる子」の保護者はもちろん、すべての保護者に、子どもが日々の生活の中で「できるようになったこと」「友だちにやさしくしていたこと」「苦手なことに挑戦した姿」などを今まで以上に伝えるようにしました。
→伝える回数、話す回数を増やすことにより保護者の表情も明るくなり、子どもをほめてくれています。　　　　　　　　　　　　　　　　　　　　　　　　　　　　　（8年目）

「見て見て」と注意をひく子はたくさんいます。小さなことでも「こうすると喜びますよ」「こういうことが好きですよ」とお母さんたちに伝えていきたいです。伝えられるように、小さなことでも気づくようにしたいです。　　　　　　　　　　　　　　　　　　　　（7年目）

子どもの心の衝撃は、大人が思っているより大きいのだと思いました。噛み付いてしまう子のお母さんに、行動のことばかり伝えて、具体的な受容の方法までアドバイスできていなかったと反省しました。子どもが喜ぶことを探して、伝えていきたいです。　　　　　　　（13年目）

「一生懸命育てているのに…」と母親は思っているかもしれません。でも、それは子どもの望む形ではなかったのでしょう。保育者が子どもに合っている「受容」の形を提案することで、母子ともに安定が得られると思います。

お母さんの気持ちを害さないような雰囲気で「ひざに抱っこしてあげてください」「○○くんはこういうことが大好きですから、一緒にやってみてくださいね」などと提案するようにしました。すぐ取り組めることから提案すると、やっていただけているようです。　　　　　（8年目）

子どもの良いことは、小さなことでも保護者に伝えることが大切、と聞いても、全部は覚えていられません。そこで、簡単にノートに書きとめて、お迎え前に見るようにしました。
→ノートを見ると場面が思い出せるので、保護者に伝えることができます。以前よりコミュニケーションがとれるようになりました。　　　　　（8年目）

　クラスだよりだけでなく、子ども一人ひとりの小さなエピソードやその子が喜ぶこと、得意なことを園生活の中で確認し、お母さんに伝えてあげてください。「受容」の具体的な形を知らない人が多いのです。「おうちでもやってあげてくださいね」と付け加えることを忘れずに。保育者の日々の細かい保護者対応によって、救われる子が多くなることを心から願っています。

私たちの園では「ママ先生」として保護者の方に交代で保育に入っていただいています。園でわが子ががんばっている姿を見て、家での接し方が変わったというお母さんもいました。　　　（4年目）

すべての母親が参加するのは難しいかもしれませんが、いい取り組みですね。怒りやすい母親でも他人の子にはやさしくすることができるもの。わが子への接し方の練習にもなるかもしれません。

グループに分かれ、保育者も一緒の輪に入り、リラックスしながら話す機会を年に数回とれるといいのではないでしょうか。保護者とのコミュニケーションのとり方を工夫していきたいです。
　　　（7年目）

こうしたやり方を、すでにとっている園もあるのではないかと思います。が、単なるおしゃべり会にしないためには、ソーシャルワークの技法のひとつでもあるグループワークの技法を保育者が学んでおくとよいでしょう。詳しくは拙著『ほんとうの家族支援とは』P.160～164（2012年・すずき出版刊）を参考にしてみてください。

「自己開示」は慎重に、という話がありました。自分自身の子育て経験を話すことが、決して相手にとってよい結果になるかどうかはわからない、むしろ苦しめることにもなる、ということでした。自己開示は相手が楽になる場合だけ、にしようと思います。　　　（18年目）

子どものいる保育者が、自分の子育て経験を保護者に語ることがあります。相手を励まそうと好意でしていることでも、かえって傷つけてしまう場合がよくあるのです。療育センターでたくさんの保護者と話をしましたが、「幼稚園や保育園の先生は、私も同じだった、みんな同じよって言いますが、先生のお子さんと、うちの子は違うんだから…」とよく言われました。特に、子どもの発達が順調ではない場合、健常に育った子どもの話は参考にならないことも多いのです。自己開示は慎重にしましょう。自己開示をしてもいいのは、相手が楽になる場合だけに限られます。

朝、バスに乗るとき、母親と離れるのがいやで泣いている子がいます。日ごろの母親との関係が不安定なのかもしれないと思っていましたが、どう伝えたものか迷っていました。講義で聞いた方法を参考に「園ではこのようなことが好きだから、家庭でもそうしてあげると喜ぶかもしれません」と伝えました。
→実行してくれているらしく、少しずつ泣く回数も減り、あきらかに情緒が安定してきているのを感じます。　　　（6年目）

第 2 章
愛着形成の不足で落ち着きのなさを
見せる子どもたち―
一人ひとりを受け容れる

私のクラスには、母親が妹の世話が大変なので甘えるのを我慢している子と、まもなく兄になる子がいます。やはり、この子たちの言動が気になります。家庭訪問に行ったときなど、母親がこの子たちに厳しく接しているのが見受けられました。もっとスキンシップをとってほしいと思いますが、個別には言いにくいので、クラスだよりなどで、「受容」とはどういうことなのか、また、下に妹や弟が生まれるときの上の子の心理などを伝えていきたいと思っています。　　（5年目）

最近、下に赤ちゃんが生まれた男の子（4歳）がいます。集会のときなど間に合わないと泣き騒いだり、不安定な状態です。お母さんに、上の子の心理などを伝えて、かわいがってもらおうと思います。
（5年目）

クラスに、指しゃぶりと吃音の子がいます。最初は、新しいクラスに対する緊張かな？と思っていましたが、クラスに慣れてもまだ続いています。家庭訪問をしたとき、その子が1歳の妹の面倒をよく見てがんばっている、という話を聞き、「いい子すぎるのも見せかけの成長」という例にあてはまるのかもしれないと思いました。園の中で、子どもがありのままの自分を出せるように、担任として安心できる存在になりたいです。と同時に、クラスだよりなどで、下の子が生まれたとき、上の子にどんな対応が必要かを保護者に伝えていきたいです。　　（5年目）

注意獲得行動の種類はいくつかあります。乱暴な言動などはわかりやすいのですが、いい子すぎる行動は気づきにくいものです。この子の場合も、下の子が寝ている時間を利用して、お母さんを独占できる時間を増やしてあげるといいでしょう。「ひざに抱いてテレビを見る」など、取り組みやすい方法でその子を満たしてあげられるよう、アドバイスしましょう。

第2章
愛着形成の不足で落ち着きのなさを見せる子どもたち―一人ひとりを受け容れる

> 子どもや家庭への支援のためには、子どもたちのバックグラウンドを知るのが大切なことを学びました。子どもたちとの他愛ない話の中からも「○○ちゃんのママは夕方働いている」「△△ちゃんのうちはパパの帰りが遅い」「□□ちゃんのうちでは、誕生日のプレゼントをきょうだいでもやりとりしている」など、それぞれの家庭環境が見えてきます。その家庭に合った支援の方法を考えるためにも、いろいろな場面で、把握や判断をしていきたいと思います。　　　　　（6年目）

保育園や幼稚園が「受容」の大切さを伝えなければ、お母さんたちは知らないまま子育てをしていくことになります。園の役割は重要だということを、強く意識してください。

第3章

「発達障害のすそ野にいる子どもたち」

　気になる子のもうひとつのタイプ、いわゆる「発達障害のすそ野にいる子どもたち」の増加については第1章で述べたとおりです。園には、はっきりとした診断名がつく子の何倍も、どこか判断に迷う「気になる子」が多いのです。この子たちは外見には特徴がなく、家庭では、ある程度問題なく過ごせてしまうので、保護者の気づきも遅れがちです。早期に専門機関に紹介することができません。一方、集団の場ではその特性のために問題が多発し、どこの園でも対応に苦慮している現実があります。

　こうした子が専門機関につながったとしても、専門機関は重度の子どもたちへの対応で手いっぱいで、この子たちに日常のプログラムを提供する余裕がないところがほとんどです。第1章で書いたとおり、彼らはおとなになってからの社会適応がとても難しく、社会問題にさえなっています。また保育現場で対応する場合、通常の保育・教育の技術とは違った方法をとらなければなりません。通常の方法ではかえって難しい子にしてしまうことさえあるのです。

　明確な診断名はなくても、この子たちの苦手なこと、いわゆる「障害」となっていることを理解すれば対応は可能だし、一刻も早く支援を開始しなければなりません。

　繰り返しますが、「就学前の対応が18歳以後の人生を決める」と言っても過言ではありません。学校期以降からでは、それまでに問題行動がいっぱい身についてしまっているので、その改善はより難しくなります。また重度の子どもに比べて自己不全感を持つため、それが原因となって社会不適応の可能性も大きくなります。この「生きにくさ」をたくさん持った子どもたちを保育者が理解し、できるだけの支援をしてくださるよう、願っています。

苦手なこと

総合的に考える

「発達障害のすそ野にいる子どもたち」は、ひと目でわかるような外見的な特徴がありません。でも、保育者としては気になります。彼らはどんなことが苦手なのか、列挙してみます。

* 意味を考える
* イメージする
* 意欲（やる気）
* 推測・推察（人の気持ち・ものごとの背景）
* 喜び・悲しみ
* 罪悪感・罪障感のようなもの

脳にはさまざまな情報をキャッチし、それをもとに「総合的に考える」分野があります。行動や感情のすべての司令塔になる「前頭前野」といわれる分野です。「発達障害のすそ野にいる子どもたち」は、この部分に広範囲な、また深い「障害」があるというわけではないのですが、部分的に、あるいはつながりあって働くというようなことがうまくいっていないようなのです。

もっと日常的なことでいうと、たとえば次のようなことが理解できていなかったりします。

* 形にないニュアンス的なこと
* 主体性、自主性
* 暗黙の了解やルール
* だいたいというニュアンス（あっち、こっち、そば、反対、きちんと…など）
* これから先のことを見通すこと
* 今までのことを思い起こすこと
* 「相手の気持ちになって」考えること

保育者が一番大切にしている「子どもの主体性、自主性」「イメージを豊かに」「考える力を豊かに」といった保育・教育目標についていえば、まさにそれを司る部分に『障害』があるわけで、「発達障害のすそ野にいる子どもたち」にこうした保育を実践することは、根本から難しくならざるをえません。またこの特徴から発生するトラブルもとても多くなっています。

感覚における特徴

この子たちは外見からはわかりづらいのですが、内部にたくさんの感覚の異常のようなものを抱えています。その中で代表的なものをあげてみると次のようなことです。

第3章
「発達障害のすそ野にいる
子どもたち」

（1）感覚の入力について
（2）刺激の選択がうまくいかない
（3）脳の中のネットワークがうまくいって
　　いない

他にもいろいろあるのですが、保育者に知っていただきたいことはまずこれらのことです。通常の発達では自然にできていくことなので、なぜできないのかが保育者には理解できなかったかもしれません。

1　感覚の入力について

　脳には、出力と入力という側面があります。出力とは脳から「命令を出す」「指示を出す」といった働き、たとえば足を動かす、腕を動かすなどです。それらは大きな運動＝粗大運動ともいいます。手・指を動かすのは、微細運動です。入力の際には出力の場合のなんと5倍もの量の神経が、使われるそうです。

　入力とは「さまざまな刺激を入れる」「入れて情報にする」といった働きです。特に「刺激を入れて、頭の中で情報にする」といったところが、「発達障害のすそ野にいる子どもたち」の場合、うまく働いていないらしいのです。「意識して見ていない」「意識して聞いていない」から、視力障害や聴力障害があるわけでもないのに「見ていない」「聞いていない」のと同じ状態らしいのです。こういった情報がきちんと入ってこないので「意味を理解する」といったこともできなくなります。

　よくいわれる五感とは「視覚・聴覚・味覚・嗅覚・触覚」です。感覚には発達の順序があります。この中で触覚が一番先にできる感覚といわれ、他の感覚の基礎になります。また触覚と同じぐらいの時期に（近年の研究では触覚よりも早い時期だといわれています）できる感覚が前庭覚といわれるもので、「ゆれ、かたむき、高さ、回転、重力」などを感じる感覚です。これらは胎児期からできてくるといわれています。

　つまり視覚や聴覚がうまく働くには、もとになる感覚である触覚や前庭覚の発達が前提となります。

　「発達障害のすそ野にいる子どもたち」は概ね、この触覚や前庭覚がうまく働いていません。「過敏すぎるか、鈍感すぎるか」のどちらかなのです。触覚については、過敏すぎる子が多く見られます。第2章にも書きましたが、本来人間は、触られることは「快」とプログラミングされるので、赤ちゃんは触られることによって安定を得るといわれています。いわゆるスキンシップをたくさんしてあげよう、という考えです。

　ところが「気になる子」の多くは触られることをいやがります。「手をつなぎにくい」「抱っこやおんぶがしにくい」「帽子やリュックをいやがる」「名札を胸につけることができない」「ぬれたものはすぐ脱ぎたがる」。触覚に関するトラブルは、保育現場でも思い当たることがたくさんあるでしょう。

　「ゆれ」や「高さ」に関していえば、子どもによって、過敏すぎるか、鈍感すぎるかどちらかです。過敏すぎると、ちょっと揺らしただけで泣き叫んだり、また逆に鈍感すぎるとどんなに揺らしても表情が変わらなかったりします。高さに関していえば鈍感すぎると、どんどん高いところに登ってしまったりします。逆に過敏すぎると、ほんの少しの高さからも飛び降りることができ

39

ずに泣き騒いだりします。

こういった初期の感覚のずれを個人差の範囲に縮めるための活動を、園ではもっと取り入れてほしいのです。なるべく低年齢のうちからがよいでしょう。専門的には「感覚統合訓練」といわれるものですが、何も「訓練」という名のもとに行うのではなく、楽しい雰囲気で（本人たちにとっては最初は楽しくないのですが）「ふれあいあそび」などと名付けて、歌を歌いなが

ら、こすったり、つついたり、揺らしたりして初期の感覚を整理する活動を行ってください（子どもを2人ずつ組にして行うといいでしょう）。

こういった初期の感覚が整理されてくると、五感の他の感覚、つまり視覚・聴覚・味覚・嗅覚がだんだん整理されてきます。

「なおる」わけではありませんが、少しずつ、意識して見たり聞いたりできるようになり、暮らしやすくなっていきます。

2　刺激の選択がうまくいかない

このことも「発達障害のすそ野にいる子どもたち」の大きな特徴です。視覚的な面でいうと、人間には、背景から必要なものを選び出す能力があります。テレビの画面でアナウンサーの背景にいろいろな装飾があっても、私たちはアナウンサーを選んで見ることができます。不必要な刺激を抑えて、必要な刺激を選べるのです（いろいろな図形が重なり合っていても、☆の形だけをなぞることができます。そういう検査もあるぐらいです）。このように選択できることは、大変な能力です。ところが「発達障害のすそ野にいる子」は、刺激の選択ができなかったり、「易刺激性」といって、不必要な刺激にすぐ反応してしまう特徴も持っています。スーパーマーケットなどに行くとたくさんの刺激物があるの

で、多動がいっそう激しくなったりします。

聴覚的な面でも同様のことがいえます。「子どもが保育者の声よりも遠くの小さなサイレンの音に反応してしまう」といった経験をお持ちの保育者は多いのではないでしょうか。

園では彼らの特徴をよく理解して、環境の設定を行ってください。

たとえば窓を背景に保育者が立つと、保育者より、窓の外の揺れる葉っぱに注意がいってしまいます。多くの園の保育室で、子どもたちの正面の壁面にいろいろな装飾がしてあって、それを背景に保育者が立っている場面を目にしますが、注意がそれてしまいます。保育者の顔より、背景に目がいってしまうのです。刺激を整理し、必要なものだけを目立たせるようにしましょう。

3　脳の中のネットワークがうまくいっていない

入力だけでなく、出力についても書いてみましょう。「発達障害のすそ野にいる子どもたち」は麻痺があるわけではないので、「手を動かしなさい」「足を動かしなさい」というひとつひとつの脳からの指示にはうまく反応できます。

けれど「同時に違う動きをする」といった指示にはうまく応えられません。また情報の入力と出力を組み合わせなければできない「目で見たり音を聞いたりしながら手や足を動かす」といった動作はさらに困難になります。脳の中のネッ

トワークがうまくいっていないからです。幼児期のこの特徴をそのままにしておくと、後年もっと苦労させることになってしまいます。

たとえば学校で「先生の話を書き取る」というようなことは、高度で複雑なネットワークが必要になります。先生の話を書き取るときは、先生が話し始めた少しあとからメモします。そして書くことだけに集中してしまうと、その間に言っていたことを書き取れなくなるので、メモするのと同時に、何を言ったか聞き取っているわけです。そしてまたそれを書く…といった動作を繰り返すことになります。私たちが簡単に行っていることも、2つ以上の動作を組み合わせることができない子にとっては、非常に難しいのです。「明日持ってくるもの」を学校の先生が口頭だけで伝えても、書き取ることができないので、「忘れ物の多い子」とされてしまう場合をたくさん見てきました。

脳のネットワークは日常生活でたくさん使われています。ですから「目を使いながら手を使う」などのネットワークの基本動作（協力して応ずる動作だから「協応動作」といいます）の練習は毎日したほうがよいのです。「わざわざ訓練の時間を設けるのではなく、日常生活に組み込んでしまおう」というのが私の持論です。

園生活ではネットワークの基本動作が練習できる場面がいっぱいあります。たとえば朝の支度（目と手を協応させて袋をフックにかける）とか、食事の準備や後片付け、降園時の身支度などです。これらのことを意識的に丁寧に取り組むことが協応動作の練習になります。こうした練習は「しつけ」のためととらえられがちですが、そうではありません。脳の中のネットワークづくりのためのよい機会ととらえてください。今まで多くの園に提案し、実践されています。専門機関にときおり通い、特別な教具教材を使って練習するよりもずっと実際的で効果もあります。「気になる子」もそうでない子も、毎日みんな一緒にやることですから、無理なくできます。実践する前提として、日常の生活習慣に意識的に取り組めるような環境づくりが必要です。

小さなネットワークと同様に、手や足を使った大きなネットワークも、園の活動の中で練習できます。たとえば「音楽に合わせて、線の上を歩こう」というあそびは、耳で音楽を聞き、同時に目で線を見ながら、歩くことになります。このように少し条件をつけた運動（「意識運動」「意識動作」といいます）をもっとやってほしいのです。短時間でも構わないので少しずつ取り入れると、脳の各部の働きを組み合わせるネットワークの練習になります。

「意識動作」で一番難しいのが「静止」です。しっかり意識的に体の各部を動かすことができてこそ、「静止」ができるのです。小学生になっても「授業を受けるときの姿勢」がとれない子が多くなったと聞きます。筋肉のすみずみまで命令や指示を行き届かせ、しかも一定時間その緊張を保てるようにならないと、正しい姿勢はとれません。自由に動くだけではなく、少し条件をつけた動きの練習もぜひ取り入れてください。

では、どのような工夫が必要なのでしょう

　「発達障害のすそ野にいる子どもたち」が、いかにたくさんの生きにくさを抱えているのか、そして、その子たちには単に「寄り添う心」だけではなく、特別な配慮や技術が必要であることがわかっていただけたことと思います。

　この子たちが将来暮らしやすくなるために、幼児期を過ごす園ではどのような工夫が必要なのでしょうか？

（1）環境の整理・視覚的整理
（2）時間的整理
（3）聴覚的整理
（4）ことばかけについて

の順に見ていきましょう。

 1　環境の整理・視覚的整理

　わかりやすい「環境の整理・設定」は一番に行うべき課題です。「発達障害のすそ野にいる子どもたち」には不必要な刺激に反応しやすい「易刺激性」という特徴があります。また不必要な刺激を抑えて、必要な刺激を選び出すということも苦手です。そこで、注意集中困難な子どもたちを集中しやすくするために、環境の整理が必要です。

　目の見えない人が触覚や聴覚に頼るように、人間はある能力を失うと、違うものに頼ります。では「意味理解」が苦手な子どもたちは何に頼るのでしょうか。「意味理解」が苦手な子どもは「形」が頼りなのです。私たちが、ことばがまったくわからない状態で外国の学校に転校したとします。先生の言っていることがわからなかったら、他の子がすることを見て行動します。自閉症の子どもたちが形にこだわるのも、そのためともいえます。形が一定のものを好みます。だから「いい形を最初から」提供するのが保育のポイントです。物を置く位置や朝の支度などが、一定の状態で流れるようにしておくことで、混乱を防ぐことができます。

　環境の設定には、「日常の生活動作をスムーズに行えるように」という目的もあります。前述しましたが日常の生活動作は「しつけのため」というより、「目と手の協応動作」など「脳の中のネットワークの練習の機会」になるのです。

1. 保育室のレイアウトを考えましょう。支度や片付けなどがしやすい動線を考えることが混乱を少なくします。
2. ピアノなどの大きなものは、子どもたちから保育者がよく見える位置に置きましょう（左側の壁につけて置き、弾きながら子どもたちを見るようにするのがベストです）。「先生が見ていてくれる」という安心感は、子どもたちの落ち着きにつながります（もしピアノを正面

第3章
「発達障害のすそ野にいる子どもたち」

に置かなければならない場合は、右端に置くようにしましょう）。

3. 物を置く位置を明確にしましょう。

4. 不必要なものが目に入らない工夫――掲示物などはなるべく保育室の横か後ろに。どうしても目立つものは無地のカーテンなどで隠すとよいでしょう。

5. 保育者が立つ位置――「気になる子」は中心がよくわかりません。保育者が立つ位置をいろいろ変えると、どこに集中してよいかわからなくなります。話や説明は、なるべく決まった位置でするようにしましょう。

6. 保育者の背景に留意しましょう。背景に刺激の強いものや装飾があると、そちらに興味がいってしまいます。また外光の強い窓などを背景にすると逆光で子どもたちが集中しにくくなったりします。

7. 床に座って活動するのは、筋肉の使い方が難しく、集中が続きません。最初から椅子と机を出しましょう。自分の場所が目で見てわかりやすいだけでなく、自分だけの基地にもなります。また体の前に机があると精神的にも安定します。

2　時間的整理

「発達障害のすそ野にいる子どもたち」の特徴を考慮しながら、毎日のスケジュールを組むと、次のようになります。

1. スケジュールのバランスを考えましょう（自由活動と一斉活動）
2. スケジュールをわかりやすく提示しましょう
3. 活動と活動のあいだの時間に留意しましょう（何をするかわからない時間が苦手です）

自由な時間も必要ですが、みんなが一定のことを行う時間も必要です。つまり発散する時間と集中する時間は両方必要で、それをバランスよく組み入れたほうがいいのです。

また、スケジュールをわかりやすく提示することも大切です。字だけでなく絵も加えると

わかりやすくなります。活動を表す絵を掲示し、終わったら外していくのもひとつの方法です。他の子どもたちの行動は、この子たちの大きな手がかりになります。こういう方法を批判する人も多いのですが、先を見通すことが苦手で、何をするかわからない不安で混乱してしまう子どもが多くなっていることを忘れないでください。「見通し障害」と言っても過言ではないぐらい、今から後のことが想像できないのです。

一斉保育を嫌う園もありますが、「僕もできた」という達成感や自己肯定感を味わうためにも必要ですし、他の子を模倣してできるようになるよい機会でもあります。もちろん「気になる子」ではない子どもたちのために、自由な時間を設定するのは必要ですが、「イメージ障害」のある子どもたちは、「自由にあそぶ」ということが最も苦手です。なぜなら「あそび」はイメージを必要とするからです（「発達障害のす

そ野にいる子どもたち」に対して「友だちと楽しくあそぶ」ことを目標にするケースが多く見られますが、それは最も難しい目標です)。相手とイメージの共有がないと「あそぶ」ことはできません。単純な「おいかけっこ」はできても、「おにごっこ」はできないのです。「鬼になるのがいやだ」というイメージが全員に共有されないと成り立たないからです。「ままごと」などのごっこあそびは、もっと複雑で瞬間的な暗黙の了解を必要とします。

そうしたことからこの子たちにとっての自由時間は、一人あそびか、虫探し、パズルなどになりがちです。私は「一人あそび」でほっとする時間があってもよいと思っています。どうしても集団で何かをする場合は、保育者も介在しながら行いましょう。

この子たちは「何をするのかわからない時間」というのがとても苦手です。いわゆる「問題行動」の多くは「何をするのかわからない時間」に発生しています。次の活動までどう過ごすかを明確にしてあげることも、混乱を最小限にするためには必要です。

粗大運動や外あそびなど体をいっぱい動かしたあとなどは、どうしても頭の中が騒がしく興奮しがちなので、いったんリセットの活動を入れたほうがいいでしょう。子どもたちを丸くなるように座らせて、メルヘンクーゲル(『「気になる子」の未来のために』2016年・フレーベル館刊参照)の音を聞かせてクールダウンさせてもよいし、オルゴールの音やピアノの高音部を弱音で弾いて聞かせるのもよいでしょう。

製作などの一斉活動は、見通しがたつように最初に完成品を提示し、工程を明確にします。できそうにない場合は、途中までは保育者が作り、最後の2工程くらいを子どもの手を取りながら行って「できたね！」と達成感を味わわせてあげましょう。一人でできるようになってきたら、保育者がかかわる部分を少なくしていきます。

3　聴覚的整理

「発達障害のすそ野にいる子どもたち」が、どちらかというと「視覚優位」で視覚に頼るといわれているのは、「意味理解が苦手」「イメージができない」という特徴のためといえます。聴覚、特にことばによるものは意味を伴います。ことばだけの指示でいろいろなことを理解させるのはとても難しいといえます。

「静かにしなさい」という「静かに」も非常に抽象的な言い方です。ある保育者は言葉の大きさを図にしてみんなに練習させました。声の大きさをグラフにするのもまた抽象的といえるのですが、それでも驚くほど理解してくれたようです。

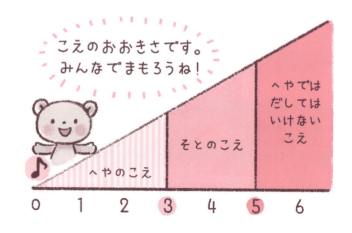

第3章
「発達障害のすそ野にいる
子どもたち」

4　ことばかけについて

　「発達障害のすそ野にいる子どもたち」への
ことばかけは、一般の子への場合と一番違うと
ころかもしれません。一般の子に対するときは「考
える力」を豊かにするのが目的なので、先に結
論を言いません。しかし「意味の理解が苦手で、
たくさんある刺激から必要な刺激を選べない
子どもたち」へは、次のようなことに留意して
ほしいのです。

1．やさしく、短く、結論から伝えましょう（5W1Hの質問はさける）

2．ことばとともに手を添えてください（子どもの手に保育者の手をかぶせて、一緒に目的の行
　動を行います。子どもの手が目的に合わせて動くようになってきたら、だんだん保育者の手
　をひいていきます。つまりなにごとも最初は介助を100％行い、徐々に減らして最後は介
　助なしで子ども一人でできるようにします）

3．抽象的な言い方はさけましょう（一番理解ができないところです）
　あっち、こっち、そば、反対、〜の上、〜のあいだ、など

4．声のボリュームは小さくしましょう

5．話すスピードは速すぎてもいけませんが、ゆっくりすぎてもいけません

6．声のトーンに気をつけましょう。声の質のようなものですが、子どもの耳に入りやすいトー
　ンがあるようです

7．肯定的なことばかけをしましょう（「〜してはだめ」ではなく、「〜しようね」です）
　表情も肯定的な表情にしましょう（※問題行動のときの対応については別項で記します）

8．「叱る」「おどす」などのことばかけはかえって状態を難しくします。「叱らないですむ方法」（段
　取り、状況設定など）を考えましょう（※問題行動への対応については別項で記します）

9．2人担任の場合は2人同時に話さないようにしましょう。刺激を選べないからです。メイン
　とサブをはっきりさせておきましょう（交代制の場合はなるべく長いスパンで。短くとも1
　か月交代ぐらいがよいでしょう）

※4と5と6については、どんなときに一番集中度が高まるか、試しながら感覚を確かなものにしていきましょう。

「困った行動」──問題行動への対応

1 放置しておいてよいか否か判断

　その行動を放置しておいてよいか否かの判断がまず必要です。「その行動が身についたま ま大きくなったら、社会に出て困る行動かどうか」が判断の決め手になります。

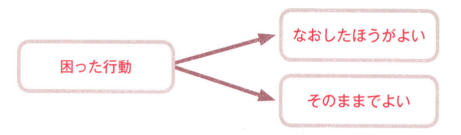

　ここで重要なのは「きっといつかしなくなるだろう」と思わないことです。「発達障害のすそ野にいる子どもたち」は、「自分を客観視すること」がとても苦手です。「客観視障害」と言ってもいいほどです。「こんなことをしている自分を見たら、他の人はどう思うか」という能力が育ちにくいのです。人形を持っていないと不安で外出できなかった子も、通常4歳ぐらいになると、そんな自分を他の人が見たらどう思うか、という能力が育つので、持たないで外出できるようになります。けれどこの子たちにはそうした客観性が育たないので、なかなか困った行動がなくなりません。もっと大きくなってなおそうとしても、さらに難しくなります。幼児期のうちになおしてしまったほうが、後々暮らしやすくなるのです。

2 なおしたほうがよい場合

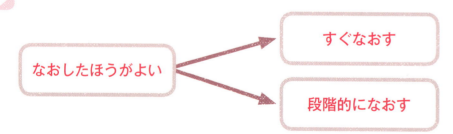

　なおしたほうがよい「困った行動」の対処法として、一気にすぐなおす方法と段階的になおす方法があります。危険な行動は一気になおさなければなりません。この場合は原因となる

ものを取り除いたり、その行動ができない状態にしたりします。理由を話して納得させようとしても無理です。

プールに入れない、などという場合は急ぐ必要はありません。1日目はプールからバケツで水をくんできて、少し離れたところで足にかける、というところから始めて、日ごとにプールに近づけていきます。これが段階的方法です。

3　判断に迷う場合

「困った行動」について、簡単なメモをとるとよいでしょう。その行動が起きる時間帯、前後の行動などをメモしておくと、だいたいのパターンがつかめます。何をしていいかわからない時間帯や、活動と活動の間、自分がうまくかかわれない活動、などのときに多いことがわかってきます。友だちを押したり、たたいたりという行動の場合は、対象児が決まっていたりします。「あそび」はイメージを伴うものなので、うまく仲間に入れないとき、友達を押したりたたいたりして、相手のリアクションを楽しんだりしてしまうのです。リアクションが大きい子がターゲットになりがちです。トラブルが発生しがちな時間帯に、ターゲットになりやすい子を離れたところであそばせることが必要です。トラブルが起きてからやめさせようと言い聞かせるのはとても難しいので、困った行動を習慣化させないようにしましょう。

1週間の中で、月曜と金曜は困った行動が起こりやすい曜日です。生活のリズムは精神的な安定の大事な要です。休日も早寝早起きをくずさず、不機嫌な状態にしないということも大切です。

4　表情について

「困った行動」をなおす場合、保育者が笑顔で対応すると、「やっていいのかな」とかえって行動がエスカレートしていきます。かといって怒る表情をすると、それもご褒美のようになってしまう場合があります。なおしたほうがよい行動には、無表情であっさりと、そして毅然と対応するのがポイントです。保育者は表情が豊かなので難しいかもしれませんが、「叱らず、譲らず」が基本です。しかし、その前に、「困った行動」が起きない環境や時間の設定を工夫してください。

5　問題行動について提言したいこと

幼児期の困った行動を軽く考えている人が多いのですが、「いつかはなおる」「こういう経験も大切」などと軽視したために、その後大変な状況になってしまったケースを私はたくさん知っています。「友達とのトラブルは、コミュニケーションの芽生え…」などと放置するのはとても危険

です。そこが普通の子とは違う点です。また、「好きなことをさせてあげたい」と、延々と水あそびをさせるような場合があります。水に対するこだわりは特に強いので、あとでなおそうとしてもなおせないのです。廊下や室内の水道であそぶのは、してはいけないことなので、最初からさせないようにしましょう。私は療育センターに勤務していた頃、クラスに自閉症の子どもがいる場合は、4月当初、手洗い場の蛇口は段ボールでふたをして、外遊びから帰って手を洗うときや食事の前後など、必要なときだけ段ボールを外して使えるようにしておきました。すると、この水道はそういう必要なときにしか使えないということが自閉症の子どもにもわかるので、7月には、常時ダンボールを外した状態にしておいても、あそんだりするようなことはありませんでした。

暑い時期、水あそびをするのに園庭の水道を使う場合、使える時間を制限して、その時間以外は「使えない」状態にするなどの対策が必要かもしれません。

大きな問題を抱えながら生きていかなければならない子どもたちなのです。軽く考えないで、最初からよい行動を身につけたり、「困った行動」がくせにならないよう、気を配ってください。

気になる行動については、その前後についてメモをとってみましょう。

「発達障害のすそ野にいる
子どもたち」

保育者の実践例

子どもの状態の理解

環境を整理してわかりやすくしましょう。

> 「発達障害のすそ野にいる子」が何人も浮かびました。たしかに年々増えていると感じます。その子たちが何に苦しんでいるのか、理解してあげられないでいました。「目の見えない子によく見なさい」ということと同じような指導をしていたのではないかと悔やまれます。子どもたちは生きにくさを抱えながらがんばっていたのだと思います。学びながら保育を見直していきたいです。
> （8年目）

> 「気になる子」はたしかに年々増えていると思います。落ち着きがなく走り回る子、椅子に座っていられない子、目を合わせにくい子、友だちの気持ちに共感できない子、が多くなりました。叱ってしまったり、「どうしたらいいか考えてごらん」などと言っても「わからない」という答えが返ってきて、対応にすごく悩んでいました。対応の仕方を具体的に学び、子どもたちが「自己不全感」ではなく「達成感」が持てるよう、工夫していきたいと思います。
> （9年目）

> 「気になる子」に「何で静かにできないの？」「何で先生の話を聞かないの？」と、きっと本人にもどうしようもないことを聞いていました。「何で？」と問いかけられたときの子どもの気持ちを考えると、かわいそうだったと胸が痛いです。脳の仕組みの側面から発達を学べてよかったです。これからは「何で？」ではなく、どういう環境や対応が子どもたちに適しているのか考えていこうと思います。
> （7年目）

> 「何で…するの？」「なぜ…したの？」 子どもたちに考えさせることは大事ですから、普通の子に対してなら結論を先に言わず、「WHY？」と問いかけます。しかし、「気になる子」は「考えること」が苦手です。5W1Hの質問には答えられないことを、まず理解しましょう。

今まで「気になる子」に対して、難しい要求をしていたと胸が痛いです。研修を受けて彼らの特徴がよくわかりました。どういう配慮が適切なのかを考えるようにしています。
→配慮の仕方が正しいときには、子どもが目的に沿って動けるようになりました。子どもが落ち着くようになり、心穏やかに過ごしているように思います。そんな子どもの姿を見て、私も穏やかになりました。
(7年目)

このぐらいはできるはずだと、知らず知らず高い目標（子どもにはわからない状況）になっていたと思います。これからは環境の工夫も含め、わかりやすい援助を考えたいと思います。(30年目)

思い浮かぶ子が何人もいました。今まで担任した子の中にも多くいます。脳の仕組みの話を聞いて「イメージすること、意味を考えること」の働きをする前頭前野がうまく機能していないことを知り、「そういうことだったのか」と思い当たりました。子どもたちが「過ごしやすい」と思える工夫をしていきたいです。
(9年目)

　受講した保育者のほとんどが「今まで担任した子どもたちが思い浮かび、そのときの対応について、知らなかったとはいえ間違った対応をしていた、胸が痛い」と記述しています。
　一生懸命対応したのでしょうが、子どもたちを自己不全感に追い込んでいたのではないかと気がかりです。科学的な知識を学び、子どもに合った対応を考えていきましょう。

「手がかりを与えることによって自主性が生まれる」ということばが胸にささりました。勝手に自由にすることが自主性ではないし、自主性を発揮できない子もいるわけで、「自主性のための手がかり」ということを考えていきたいと思いました。
→本をジャンル別に違う色のシールを貼って整理したら、子どもたちは読んだ本を元の場所に戻すようになりました。また製作に使う道具の置き位置も学年で話し合いました。机の上が整理されると、落ち着いて担任の話が聞けるようになりました。自主性への手がかりってこういうことなんだ、とあらためて感じます。
(5年目)

　「自主的に、主体的に」が教育の大きな目標のひとつですが、そこが苦手な子が多くなっています。ただ自由にしたいようにさせることが自主性ではないはずです。手がかりを工夫することが必要です。

※実践例の→には、実践したことによって見られた変化が書かれています。

第3章 「発達障害のすそ野にいる子どもたち」

「発達障害のすそ野にいる子どもたち」の、脳の働きなどの特徴について知ることができました。今までは伝えても伝わらなかったり、指示したとおりにできなかったり、どうしてと悩むことが多かったのです。「そうだったのか、脳の中のネットワークがうまくいっていないんだ」とか「刺激の選択ができていなかったのか」と私自身が子どもたちの状態を理解できるようになり、接する方法を意識するようになりました。ことばの使い方はもちろん、環境なども含めて工夫することが増え、少しずつ希望が見えました。　　　　　　　　　　　　　　　　　　　　　　　　　（3年目）

　保育現場で悩んでいる保育者が多いと思います。子どもたちの特徴を科学的に知ることはとても大切です。従来のような「寄り添う心」だけの対応ではかえって問題を大きくしかねません。また、普通の子に対する教育や技術では、子どもたちに混乱を与えることになりかねません。科学的に理解して工夫することで子どもの状態が変わる、保育者も安定する、クラス全体も安定する。そうした変化を、私は何度も見てきました。

環境を整理し、目で見てわかりやすくすることで、落ち着いて過ごせるようになりました。声かけの回数も半分以下で伝わるようになりました。
→子どもたちが「できなかった」のではなく「理解できていなかった」のだとあらためて認識しました。やり方や方法を変えると、子どもたちの「理解できる→楽しい→やりたくなる」という気持ちにつながるのですね。そこで初めて「自主的な行動」が生まれることを、実践をとおして学ぶことができました。　　　　　　　　　　　　　　　　　　　　　　　　　　　　　　　　（8年目）

「診断はなくても支援は可能」ということばが印象的でした。暮らしの中で、子どもにわかりやすく、過ごしやすい工夫を考えていきたいと思います。　　　　　　　　　　　　（12年目）

　専門機関につなげて、具体的な診断名が伝えられるまでには、保護者の了解を得る必要もあり、時間がかかります。時間がたつほど、子どもの状態を改善することは難しくなります。生活しやすくするためのさまざまな工夫は、一日も早く開始したほうがいいのです。

整理ボックスにイラストを付けると片付けやすくなります。

「フックにタオルをかける」は目と手を同時に使う練習になります。

今までは「話を聞いていないからできないんだろう」と決めつけていたと思いますし、指導にも自信が持てませんでした。否定的なことばを使っていたことに胸が痛みます。科学的に理解することで、特徴がよくわかり、そのつど対応方法を考えるようになりました。
→保育者自身も落ち着きましたが、対応方法が変わると、子どもも変化してきました。わからないことがあったときは自分から「わからないから教えて」と言ってくるようになりました。（7年目）

保育者の科学的な理解と対応が功を奏したのだと思います。「わからないから教えて」と言えるようになれば素晴らしいですね。けれど、ほとんどの子は自分でSOSが発信できないことも、知っておく必要があります。

「介助は100から始めて、できてきたら徐々に減らしていく」ということを知りました。今までは、自分でできるようになってほしいと思い、なるべく手を出さないようにしていました。
→正しい形を最初に教えると、少しずつ自分でできるようになり、介助を減らしてもできるようになっています。
（2年目）

「ことばかけは結論から」「子どもの手に保育者の手を添えて、完成まで行う、できてきたら介助を減らしてゆく」という方法を学びました。朝の支度にさっそく取り入れて、「靴をしまおうね」「タオルかけようね」などと声をかけながら、完成まで介助しました。
→手を添えなくてもできることが、少しずつ増えていきました。「介助は100パーセントから。できてきたら徐々に減らし、最後は0パーセントに」ということがよく理解できました。（5年目）

介助は、まず完全な形から教えていくことが大事です。子どもの手の上に保育者の手をのせて、「○○しようね」と声をかけながら行います。脳から命令が出て、手がその目的に合わせて動くようになったら（これを「運動の企画」といいます）介助の手を徐々にひいていきます。身支度のように、1つの動作だけではすまない場合も、初めから終わりまでを1つの形として介助します。「できなくなったら途中から介助」しようとするケースをよく見ますが、途中で別のことに気が散ってしまったり、なかなか身につきません。「失敗癖」をつくらないことも、介助の際のポイントです。

「発達障害のすそ野」の子どもたちが持つ特徴を知りました。生きにくさや苦手なことは私の想像以上です。簡単に「みんな一緒」「みんな同じ」と考えることはできません。わかりやすく生活しやすい工夫をしていきたいです。 　　　　　　　　　　　　　　　　　　　　（6年目）

「障害」について考えるとき、「みんな同じ」「みんな一緒」というヒューマニズムの視点は必要です。けれど、指導や対応についてはなじみません。普通の子と同じように指導したのでは、かえって苦しい状態に追い込んでしまうことを、保育者なら体験的に理解していることと思います。

「気になる子」について『できない』のではなく『わからない』のだということを自分の中でしっかり意識しておこうと思いました。大変な問題を抱えていること、そしてその感覚に気づけていませんでした。気をつけてかかわっていこうと思いました。 　　　　　　　　　　　　（8年目）

決してレッテル貼りではなく、そういう特徴を持ちながら生きていく、ある意味「生きにくさ」を抱えている子どもたちです。決して「みんな同じ」ではないのです。

おとなにとってはフックにものをかけることなんて簡単ですが、子どもにとっては「目で見ながら手を使うこと」は、同時に違う動きをすることになるので、難しいのだとわかりました。日常の動作を丁寧に介助することが脳のためにもなるのですね。 　　　　　　　　　　　　（2年目）

朝の支度などは「自分のことを自分でできるようになるため」ぐらいにしか思っていませんでした。「目と手を同時に使う練習になっていたんだ」と、驚きました。 　　　　　　　　　　　　（2年目）

子どもの状態によっては、専門機関に通って特別な指導を受ける必要がある場合もあります。けれど指導や治療は特別に組み立てるより、日常生活の中に取り入れるほうが有効です。毎日自然に取り組むことができるからです。朝の支度や食事の準備、片付けなどは、毎日の生活の中に必ずあるものです。わざわざ特別に時間をとらなくても、練習できます。

「年長ならこのぐらいはしてほしい」という気持ちがありましたが、「気になる子」たちには難しいことなのだと気づかされました。年齢で判断するのではなく、子どもに一番わかりやすい方法で、つまり成功しやすいような簡単な伝え方からしていこうと思いました。まずは手をとり一緒にやっていくことで、その子に身についていくのだとわかりました。求めすぎず、その子のやりやすい方法で行うことで信頼関係も築いていけると思います。 　　　　　　　　　　　　（8年目）

状態を上から引っ張り上げるのではなく、子どもの状態を理解して、その子のわかりやすい方法で行う。遠回りのようですが、安心してできるので効果的です。けれど、普通の子のようなスピードで伸びていくわけではないことは心にとめておきましょう。

環境について

保育者の背景の整理・保育室の環境整理

先生が子どもたちを
よく見えるように
ピアノの位置を考えましょう

> 子どもの椅子に座って、子どもの目線で見ると、たくさんの刺激があることがわかりました。そこで保育者の後ろの掲示物を取り除きました。
> →驚くほど保育者に視線が集中しました。地図やサンプルなどを貼って説明するときも、余計な刺激物がないので、視線が集まります。
> （9年目）

> 子どもの目線で見ると、目に入ってしまう余計なものがたくさんあることに気づきました。保育者の都合のいいような配置だったので、置き場所を変えました。
> →立ち歩きがなくなり、視線が担任に集まるようになりました。
> （3年目）

いろいろな席に座って、保育者がどう見えているか確認することが必要です。そして背景や環境の整理をしましょう。子ども一人ひとりの特徴と、保育者がどう見えるかの2点は、座席を決める参考になるでしょう。

> 環境を整理することによって、子どもの心の安定が得られることがわかりました。小学校への接続をスムーズにするためにも、大事なことだと思いました。
> （4年目）

> 私の園では、上原先生の助言で、7〜8年前から園内の環境整理に取り組んできました。掲示物を正面に貼らない、と聞いて初めは衝撃を受けたことを覚えています。今となってはそれが当たり前になりました。以前の環境が信じられないという思いです。
> →子どもたちが過ごしやすいのはもちろん、保育者も保育を進めやすい環境になっていると感じます。
> （16年目）

飼育や栽培をすることは大事なのですが、活動中気が散る原因にもなります。置き場所を見直し、子どもから見えないところに置くか布で覆いました。
→集中を妨げるものがなくなり、集中力が上がりました。　　　　　　　　　　　　　（7年目）

保育室には、教育上必要なものがたくさんあります。けれど、置く場所をよく考えて、子どもの集中を妨げるような場所に置くことは避けましょう。作品や誕生表は、保育室の半分から後ろに置くようにしましょう。

ホワイトボードにたくさんついていたマグネットや写真を外しました。棚に置いていた人形を片付け、ラジカセに布をかけました。出席シールを貼るための机を用意し、シール以外のものは置かないようにしました。
→すっきりして、製作などの説明がしやすくなり、子どもたちも理解しやすくなったようです。今まで、いろいろ飾りすぎていたのだと思います。子どもたちからもらったものなどは、視界に入らないところにまとめて置くようにしました。　　　　　　　　　　　　　　　　　　　　（6年目）

子どもからもらったものや、子どもたちが製作したものは飾ってあげたいですね。子どもたちの集中を妨げないように、保育室の半分から後ろの壁に貼ればいいのです。

壁面装飾、特に誕生表は小さくして保育室の横の壁に移し、保育者の後ろはすっきりさせました。ピアノの位置を変え、子どもを見ながら弾けるようにしました。
→落ち着いて保育者の話を聞くようになりました。話すときも、保育者の目を見て話すようになりました。歌を歌うときも、保育者が見ていることが嬉しいらしく、姿勢よく一生懸命歌っています。　　　　　　　　　　　　　　　　　　　　　　　　　　　　　　　　　　　（8年目）

ピアノの位置を移動したいです。手元や楽譜ばかり見ていて、子どもたちに目を向けていませんでした。
→ピアノを移動したところ、子どもたちが笑顔で姿勢もよくなりました。「自分を見てくれている」と意識しているようです。　　　　　　　　　　　　　　　　　　　　　　　　　（6年目）

ピアノは大きいので簡単に移動できないし、置ける場所も限られます。左横の壁際に置くのが自然です。弾きながら子どもたちを見渡せます。最初はピアノを正確に弾くより、子どもをよく見ることを優先させましょう（正面に置く場合は、右端に置きましょう）。

保育室のレイアウトを大きく変えましたが、実行するまでには決心と計画が必要でした。
→保育室が整理されたことで、子どもたちが自主的に片付けようとする姿が見られました。ただ片付けるだけでなく、できるだけ元の状態に戻そうとしていました。 　　　　　　　　　（9年目）

レイアウトを変えるのは、意外に大きな決心が必要かもしれません。園全体で、目的をよく話し合ってください。

保育者の背景やまわりを整理しました。そして帰るとき、次の日の活動につながるものを出しておくようにしました（整理してあるからそれが目立つ）。
→子どもたちはあきらかに担任に注目するようになりました。そして今日の活動の導入のものに興味を示すようになりました。 　　　　　　　　　　　　　　　　　　　　　　（5年目）

黒板がないので、ホワイトボードをいつも移動させて使っていました。ホワイトボードを置く位置を一定の場所に決め、本棚を子どもの目に入らない位置に移動させました。
→「気になる子」だけではなく、クラス全体が落ち着き、集中して話が聞けるようになりました。 　　　　　　　　　　　　　　　　　　　　　　　　　　　　　　　　　　　（6年目）

2年間続けて講習を受けた人の意見です。一度聞いただけではすべてが理解できるわけではありません。繰り返し聞くことで、理解が深まるのだと思います。

保育者も環境のひとつ。だとすれば、キャラクター付きのエプロンは、子どもの気が散る原因であると思いました。前から気にはなっていたのですが、改めたいと思います。 　　（7年目）

保育者自身の服装を、キャラクター付きではなく、パステルカラーの無地のものにしました。そのほうが顔に集中してくれます。 　　　　　　　　　　　　　　　　　　　　　（9年目）

保育者のエプロンや服装はもちろん環境のひとつです。エプロンにキャラクターが付いていると、そちらのほうに注意がいってしまいます。効果を考えて身につけるようにしましょう。

日常生活の中で

絵本を読むときの本の高さなど、子どもからの目線を考えて集中できる工夫をしたいと思います。
(2年目)

絵本を読むときなど、正面にかけてあるバッグが視界に入っていたので、場所を移しました。
→視線が絵本に集まるようになりました。不必要な刺激に反応しやすいということが、よくわかりました。
(6年目)

子どもが待つ場所を、床にビニールテープを家の形に貼って、わかりやすくしました。
→「おうちのところで待っていてね」とわかりやすく指示できます。1か所確実な場所があるだけで、子どもたちも落ち着き、担任も安心できます。
(5年目)

待つ場所を、ビニールテープで家の形にわかりやすく示すようにすると、見た目もいいのではないでしょうか。多くの園で、取り入れています。

朝の集まりを、床に座るのではなく、椅子に座って行うようにしました。子どもが走り回らなくなりました。「気になる子」に過ごしやすい環境は、すべての子に過ごしやすく、集中しやすい環境だと感じています。
(5年目)

3歳児を受け持っていますが、床に座っての活動では落ち着かないと聞き、椅子に座って行うように変えました。
→驚くほど落ち着きました。今まで落ち着かなかった子も、椅子に座ってシール帳を自分のリュックにきちんと入れられるようになりました。クラス全体がまとまってきました。
(17年目)

集会や説明など、床に座ってやることが多かったのですが椅子に変えました。
→見違えるほど子どもの集中力が上がりました。
（9年目）

掲示物の整理、椅子を使う、持ち帰るものをイラストで示す、道具箱の整理など、他の園のスライドなどを参考に行いました。
→子どもたちが落ち着いて話を聞くようになりました。子どもを変えようとする前に、まず子どもたちをとりまく環境の工夫が大切だとわかりました。
（8年目）

低年齢児には床で行う活動のほうが合っていると思われているようですが実際は違います。筋肉の使い方からすると、床で何かをするほうが難しいのです。保育園の1歳児でも机と椅子のほうが集中しやすく、姿勢も保てます。自分の前に机があると精神的にも落ち着きます。おとなでも、受講するときなど、床で聞くスタイルだと、集中力を保つのは難しいですよね。

水道の前にガムテープを格子状に貼り、並ぶ位置を明確にしました。
→水道前のトラブルがまったくなくなり、順番が守れるようになりました。
（8年目）

目印は最初は目立つように、そしてだんだんなくてもいいようにしていきましょう。ただし、最後まで目印が必要な子どももいることに留意しましょう。

朝の身支度にわかりやすく番号をつけ、子どもが順を追って支度をしていけるようにしました。離れていたタオルかけとコップ置き場の配置も、大きく移動しなくてすむように変えました。
→支度のし忘れが減り、すべてが近いところにまとまっているので早くできるようになりました。いちいち担任が指示しなくても、友だち同士で教え合う姿が見られます。
（7年目）

朝の支度がスムーズに行えるよう、動線を変えました。シール貼りをする近くにタオルかけを置きました。
→余計な動きがなくなり、スムーズに動けます。かばんを床に置いて何度も行き来していた子も、他のことに気をとられずに行えるようになりました。
（3年目）

朝の支度などは「目と手の協応動作」のよい練習になりますから、丁寧に取り組みたいことです。気が散りやすい子どもたちが、行動しやすいように設定することが大切です。取り組んだ園からは、「気になる子」だけでなく、他の子どもたちも支度が早くできるようになったとの報告が多くありました。

お弁当を食べ終わった子どもは、そのまま机で絵本を見るようにしていましたが、保育室の他のスペースに椅子を並べて「絵本コーナー」をつくりました。また、食後に着替えが必要な日は、大きなマットの上で行うようにしました。
→全体が落ち着いて行動できるようになりました。 （6年目）

昼食を早く食べ終わった子が、みんなが揃うまで遊べるように、レジャーシートを置いてブロックやままごとのコーナーをつくりました。
→落ち着いて遊べています（今までは落ち着きがなく、トラブルも多い時間帯でした）。（8年目）

特に保育園などでは、昼食後、子どもたちがしなければならないことが多いので、トラブルや問題行動が多いのです。食器の片付け、歯磨き、着替えなどそれぞれの子によってかかる時間も違います。しなければいけないことや居場所などを明確にするとトラブルが減ります。

持ち帰るもの、園に置いておくもののペープサートを作りました。また朝の支度の表を作り、朝だけ貼り出しています。
→「気になる子」だけではなく他の子も、それを見ながら順を追って取り組んでいます。子どもたちはこのように目に見えるものがあれば生活の手がかりになるのだと、実践をとおして実感しています。 （5年目）

男の子同士だと、落ち着かないので、集会のときの座る順番を男女交互にしたら集中できました。 （17年目）

水道前の並ぶ場所を
テープで明確にしましょう。

スライドで見た他園の方法を参考にして、集会のとき、男の子と女の子がサンドイッチで座るようにしてみました。
→たしかに集中力が高まりました。私のクラスは男の子に落ち着きのない子が多かったので効果的でした。 （4年目）

落ち着きのない子は男の子に多い傾向があります。集会のときだけでなく、保育室の席も隣同士をよく考えて決めましょう。落ち着きのない子同士を同じグループにすると、刺激しあって、余計に落ち着かなくなります。

着替えの手順表を「文字＋絵」で作りました。
→「気になる子」だけではなく、ほぼ全員の子が早く取り組めるようになりました。集中しにくい子もそれを参考にやるようになりました。 （4年目）

持ち帰るものをイラスト化しました。
→自分で考え、友達と協力しながら取り組んでいます。わからなくなったときに確認できるので安心できるようです。「手がかりがあると、自主的にできる」とはこういうことなのかと実感しました。 （8年目）

保育室の環境整理と、道具箱の整理に取り組みました。
→物の管理を自分で行うようになり驚いています。 （7年目）

他園の実例を参考にして、絵本コーナーの整理をしました。テープを貼り、片付ける場所をわかりやすくしました。
→場所が明確になったことで、片付けられた、ということが喜びとして味わえるようになりました。「きれいにできたよ」と嬉しそうにしています。絵本が落ちていたり、向きが揃っていなかったりすることがなくなりました。絵本の整理は年少組では無理と思い込んでいましたが、工夫次第で、こんなに積極的に取り組むことがわかりました。 （8年目）

金曜日はバッグやカラー帽子、スモックなど持ち帰るものが多くなります。そのつど声をかけていましたが、騒がしくて指示がとおりませんでした。持って帰るものを絵（画用紙）に描いて貼るようにしました。
→入れ忘れることがなくなりました。保育者がいちいち声かけしなくてもよくなった分、できない子に1対1で丁寧にかかわれるようになりました。 （5年目）

使わないときはカーテンをひいておきましょう。

ままごとコーナーや絵本コーナーも使わないときは大きな布をかけるようにしました。
→立ち歩きが減りました。 （7年目）

道具箱の中は、折り紙が乱雑にしまわれていたり、ハサミのキャップをしていなかったり、乱れがちでした。そこで「毎週金曜日に折り紙を持ち帰ろうね」とルールを決めて、道具箱を整理することにし、きれいになったか保育者がチェックすることにしました。
→きれいな状態を継続できるようになりました。加えて、折り紙一枚一枚を大切に扱うようになりました。 （7年目）

道具箱の中身の整理の仕方をイラスト化してホワイトボードに貼り、整理の時間をつくりました。今までは「自分で考えてやってね」としか伝えてきませんでした。なかなかうまくできず、苦手な子が多いのだと思っていました。
→わかりやすくすることで、自ら取り組む子が多くなりました。 （7年目）

道具箱の中の置く位置を決めて図示し、毎週末に整理をするようにしました。
→不器用な子でも自分できれいに整えられるようになりました。 （9年目）

カバンがロッカーにきちんとかけてあるか、朝の会の中で確認する時間をつくりました。
→最近では声をかけなくても朝の会の前に掛け直したり、友だちのカバンが飛び出ているのをなおしています。ささいなことでも時間をつくると、習慣化につなげられるのだと実感しました。 （4年目）

道具やカバンの整理は、正しい生活習慣が身につきますが、脳のネットワークの練習ととらえていただきたいと思います。「目を使いながら手を使う」ことを自然に練習できるよい機会なのです。
きれいな環境はそれが強制力のようになり、「気になる子」たちも取り組み始めます。

製作や活動の場面で

製作のときは完成品を見せてから行ってみましょう。

製作活動のときは手順とともに完成品を見せて、イメージがつかめるようにしました。
→完成形を見ることで、安心して製作に取り組むようになりました。イメージすることが苦手な子が多いことを実感しました。
（4年目）

聴覚より視覚からのほうが情報が得やすいということを知り、製作するときは、完成品を見せてから行うようにしました。
→イメージができる子にも次の工程がわかりやすく、「気になる子」は不安がなくなった様子で、どちらも安定して取り組んでいる様子が見られます。完成後、一人ひとりによくできたことを伝えるようにしたら、どの子も次の製作を楽しみに待っています。
（5年目）

手順をイラストで示しました。不安そうに「これでいいの？」と何回も聞きに来ていた子たちも、楽しそうに取り組むようになりました。
→わかりやすさは自信につながるということがよくわかりました。
（16年目）

見本を見せると、子どもが創造力を発揮できなくなると思って、完成形は見せないでいました。しかし、何を作るのかイメージができず無駄な時間になってしまうより、模倣でも作ることに意味があるのではないかと考え直しました。
→完成形を見せると意欲的に取り組みます。また完成形を見せてもそれぞれ個性があって違うものができます。特に不器用な子どもたちが「できた！」と嬉しそうにします。「イメージができない子にも達成感を味わわせる」とはこのことだと思いました。
（2年目）

第3章

「発達障害のすそ野にいる
子どもたち」

　「見通し」「イメージ」というものが持てない子どもは想像以上に多いのです。製作は本来「何ができるのかな？」と想像するところから始まるのかもしれませんが、イメージできないと不安がつきまといます。けれど完成品（できれば４倍くらいの大きさのもの）を見せれば「あ、あれに向かっていくんだな」とわかります。出来上がりは決して同じものにはなりませんし、個性の違いも出てきます。「気になる子」たちが達成感を味わうためにはこのようなやり方も必要です。イメージが豊かに育たない、ということもありません。最終的な課題として、自由に作る課題を用意すればいいのです。しかし、そのときにも「気になる子」たちには、手がかりを与えてあげることを忘れないでください。

時間的整理

　一日のスケジュールの中に、集中する活動と、発散する活動両方をバランスよく取り入れました。そしてスケジュール表を作り、ホワイトボードに貼りました。色分けしたり、イラストも入れて、どの子にもわかりやすくしました。
→「気になる子」だけではなく、クラスの子の大半が一日のスケジュールがわかり、今までより楽しみに待てるようになりました。「散歩に行くのは長い針が３の数字になったらだよね」など。事前に先の予定がわかっていると混乱なく行動できるので驚いています。　　　　　　（4年目）

　「気になる子」は「見通し」がわからないということを知り、１日のスケジュールだけでなく、１週間の予定もわかるようにしました。
→子ども同士で「明日は○○だよね」と声をかけあったりしています。楽しみに待つ様子が見られます。
　　　　　　　　　　　　　　　　　　　　　　　　　　　　　　　　　　　　　　　（3年目）

　一日の流れを明確にするだけでなく、明日の活動の予告もするようにしました。
→製作の予告をすると、気持ちの準備だけでなく、具体的な色や形など考えてくる子もいます。子どもが楽しく取り組めるように工夫していきたいです。　　　　　　　　　　　　（3年目）

　ホワイトボードにスケジュールを掲示するようになってからの子どもたちの会話です。
→「今日○○するんだって」「楽しみだねえ」「○○のせいさくだと□□がいるね」などと先のことを考えて行動する子が増えてきました。製作が苦手で、まわりの子を見ながら不安そうに取り組んでいた子も、完成品や工程を示すことによって、少しずつ自分の力で行えるようになってきました。
　　　　　　　　　　　　　　　　　　　　　　　　　　　　　　　　　　　　　　　（3年目）

スケジュールを写真と番号でわかるように掲示しました。
→次に何をするのかわかり、自分で行動する子が増えました。「気になる子」はその表を見ながら話をすると、気持ちの切り替えができるようになりました（毎朝、自分で予定表を確認しています）。

（7年目）

「気になる子」たちは、これから先のことや過去のことがわかりません。今、目の前にあることしか理解できないことが多いのです。「自分で考えて行動する」いわゆる主体性というものが苦手な子が増えたのは、単に「やる気」の問題だけではありません。見通しが立たなくて不安だからです。スケジュールを明確にしておくと、自分で確認したり、他の子の真似をして動けるようになるのです。普通の子どもたちも、視覚的な手助けがある段階を経験しておくと、「自分たちでこれから何をしてあそぶか考える」というような、主体的な思考もしやすくなるのだと思います。そんな段階になっても、やはり一方には「自分で考えて」ということが苦手な子もいることを忘れないでください。

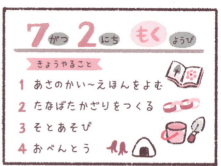

スケジュールをわかりやすく掲示しましょう。

聴覚的整理

子どもが自分で考えられるようにと思って、ことばをシャワーのようにかけてしまっていたと思います。また、ことばの理解が遅れている子どもほど、たくさんことばをかけたほうがよいと思っていました。今思うと、子どもを混乱させただけだったのだろうと、そのときの様子が思い浮かびます。私が早口の外国語で話しかけられたときと同じ感じで、理解できなかったのだろうと思います。

（9年目）

「ことばの遅れている子にはシャワーのようにたくさんことばかけをしてあげてください」と専門家が指導していた時代がありました。しかし障害の種類が変わってきています。「気になる子」たちには混乱を与えることになりかねないのです。

「あっちにしまうよ」「こっちに運んで」「きちんと座ろう」などの指示がうまく伝わらなかったのは、抽象的なことばを使っていたからだとわかりました。

（8年目）

第3章

「発達障害のすそ野にいる子どもたち」

「あっちで待って」「あのロッカーにしまって」などということばを使っていることが多かったため、理解ができなかったと思います。待つところの床に家の形でガムテープを貼ったり、ロッカーに色のシールを貼ったりすると、混乱なくできるようになりました。　　　　　　　（6年目）

「あっち」「こっち」「そっち」「きちんと」など、あいまいなことばを多用していたことに気づきました。具体的な、子どもが理解しやすいことばで伝えることを心がけています。
→普段から理解が素早い子はもちろんですが、どちらかというと理解が難しい子もパニックにならずに行動することが増えてきました。　　　　　　　　　　　　　　　　　（9年目）

私たちは、あっち、こっちなどということばを日常的に使いますが、とても抽象的なことばです。「気になる子」にとってはわかりにくいことばなのです。

自分で考えさせるのが教育の目的と思い、他の子と同じように「どうして○○したのかな？」「次に何をしたらよいのかな？」など5W1Hのことばかけをたくさんしていました。結論から伝えるほうがわかりやすいことを知り、「～しようね」と言うようにしました。　　　　　（6年目）

子どもが「自分で考える」ことは大切です。しかし、そこにハンディキャップがある場合はただ混乱を与えるだけになります。「次は何をするのかな？」ではなく、「次は手を洗いましょう」のほうがわかりやすいのです。

「気になる子」ではありますが、理解しているように見えるときもあるので、問題行動を起こしたときなど、「どうして？」と何回も聞いてしまいました。泣き叫んだり怒ったりしたのは、答えられないことをどんどん聞かれて混乱していたからなのだと思います。その子の「わからない」状態を保育者が理解して、問題行動が起こらないようにしていくことのほうが大事だと思いました。　　　　　　　　　　　　　　　　　　　　　　　　　　　　　　　（4年目）

重度の子どもに比べ、発達障害のすそ野にいる子どもたちは、場面によってはわかる部分もあるので、つい判断を誤りがちです。「このくらいは理解しているだろう」より、「もしかしたら理解していないかもしれない」と判断して対応したほうがよいでしょう。保育者の要求は、子どもが理解できるレベル以上になりがちです。子どもの可能性を信じたいという保育者の気持ちは貴重ですが、子どもを苦しい状態に追い込んでいないか、確認しましょう。

大切なことを話すときは、普通より声を小さくして「ここからが大事だよ」と抑揚に気をつけるようにしました。

→あきらかに集中して聞いています。 （4年目）

声のトーンやスピード、顔の表情を工夫して話をするようにしています。

→集中力や落ち着きが格段に違います。大切なのはわかっていながら、今までおろそかにしていたと思います。 （9年目）

自由あそびが終わったあと、静かな曲をピアノで弾くようにしました。

→子どもたちの気持ちが落ち着き、集中して話を聞き、姿勢もよくなりました。次の活動にもスムーズに移行します。気持ちをリセットすることの大切さを知りました。大多数の子が落ち着くと、いつもよく聞いていない子も影響を受けて、話が1回で理解できるようになりました。 （2年目）

テンションの高い子どもたちを、大きな声で注目させようとしていました。心のリセットを心がけるようにしました。話す声も小さくし、わかりやすいことばを使うようにしました。

→これまでより静かに話を聞くようになりました。保育者が前に出ていくと、子どもたちは自然に聞く準備ができるようになりました。子どもたちの変化にもびっくりですが、保育者自身の心の変化、安定して子どもにかかわっていることに驚いています。 （9年目）

朝、外あそびが終わって入室すると、大きな声で歌を歌っていましたが、朝の集会もその後の一斉保育も、なかなか落ち着かなくて困っていました。「朝、大声を出すと一日中落ち着かなくなってしまう。逆に静かにリセットしてから始めると集中できる」ことを知りました。ピアノで高音部を小さい音で弾き、落ち着く時間をつくってから集会を始めることにしました。

→子どもたちは格段に落ち着くようになりました。 （5年目）

　子どもが朝、大声で歌っている様子を園でよく目にします。けれど、朝、興奮してしまうとなかなか落ち着くことができない子が多いのです。外あそびや自由あそびのあとは、いったん興奮を収束させる保育が必要です。そうしないと集中できません。クールダウンさせてリセットという考え方は今まであまりありませんでしたが、これからはそういう保育も必要です。

スライドで紹介された声のボリューム表を参考にして、自分でも作ってみました。

→支援の必要な子だけではなく、全員が興味を持ち理解してくれました。声が大きすぎるときは「ボリューム4だよ」と子ども同士で注意しあう姿が見られます。 （24年目）

動きの多い活動のあとは
クールダウンが必要です。

声のボリューム表を私も作りました。小さい声や大きい声とはどういうことなのか、目で見てわかるようにしました。→「静かにする」とはどういうことなのか理解できたようです。子どもたちが自分で「何もしゃべらないゼロ（0）の声」などと言って意識するようになりました。　　　（7年目）

声の大きさも抽象的な概念なので、「静かに」と言われても理解できない場合が多いのです。表で示しても抽象的なので、表を見ながら声を出して、練習するといいですね。

3歳児の担任です。複数の内容を1回で説明すると混乱してしまうことがわかりました。製作活動の説明をするときも、工程を1つずつ区切って説明します。1つの工程を全員が終わったら、次の工程を説明するようにしました。
→活動がスムーズに進むようになりました。受け持つ子どもによって、説明の方法にも工夫が必要だとわかりました。　　　（8年目）

1回の指示で5つぐらいの内容を伝えている場合があります。クラスの半分以上の子どもには難しすぎるかもしれません。前の年に通用したことでも、クラスを構成する子どもたちが変われば、うまくいかないこともあります。子どもたちの様子をよく観察し、方法論を工夫してみましょう。

二人担任なので、メインになったときの声のボリューム、スピード、トーン、表情などが子どもたちの集中にどう影響したかを、サブが観察して伝えるようにしました。自分では気をつけているつもりでも、もっと工夫の余地があると感じるようになりました。また、指摘しあうことで自分を客観視できるようになりました。　　　（6年目）

自分を客観視することは、意識していても難しいものです。この事例は、二人担任制を良い形で活かしていますね。
おとなら聞きづらい声でも注意深く聞き取ろうとする力がありますが、子ども、特に「気になる子」たちには、それはとても難しいのです。実際に観察してみると、子どもたちの耳に入りやすい抑揚や声のトーンがあることに気づくでしょう。保育者の工夫で、子どもの集中力は上がります。

問題行動への対応

大学では「子どものやりたいようにさせてあげることが大事」と教わりました。水を出しっぱなしにして、手で受けとめている子どもの映像を流しながら、先生は「おとなから見ればもったいないと思うが、子どもは水の重みや圧力を感じている。おとながやめさせてしまっては、学ぶことができない」と言いました。けれど、「気になる子」の場合は、すぐにやめさせたほうがよい行為なのですね。おとなになってから困るようなことは、できるだけ早くやめさせるほうがよいし、よい形にしてあげるということがよくわかりました。

子どもたちの行動について、やめさせたほうがよいのか、このままでよいか迷ってきましたが、その判断がわかった気がします。

（3年目）

「困った行動」が習慣化してしまったために、とても苦しい思いをした家族を何例も知っています。だから私は「気になる子」たちに普通の子の理論はあてはまらないと思うのです。普通は、1つのあそびに満足すれば次のあそびに移ります。しかし、発達障害やそのすそ野の子どもたちは、こだわりが簡単には消えません。問題行動については、できるだけ早く対処をしていくべきです。

「困った行動」に関して、間違った対応をすることは「罪」だと深く感じました。その子どもにとっては一生にかかわることであり、偏った考えで保育してはならないと思います。正しい知識を学び、子どもが将来、社会とかかわって生活していけるように対応することが保育者としての義務だと思います。

（5年目）

「発達障害のすそ野にいる子どもたち」は、自分自身を客観視できないのも特徴のひとつです。罪悪感や、「相手の気持ちになる」ことも育ちにくい感情です。「たたく」などという行為は絶対にしてはいけない行為ですから、いつかはわかるはず、とそのままにしておいてはなりません。イメージができないから、あそびに加われなかったり、友だちをつきとばしてリアクションを楽しんだりしてしまうのです。問題行動が生じる時間帯や状況を把握し、それが発生しない手立てを考えてください。

「保育者の机の後ろに入ってはいけない」ことを伝えるために、1学期いっぱい赤いテープを貼っていました。2学期にはテープをはがしましたが、そこには入っていきません。「いい形を最初から」の1例だと思います。

（11年目）

「気になる子」たちの特徴をよく考えて、最初は手がかりをわかりやすく示し、だんだん弱めていくのがポイントです。わからないでしてしまっている行動を何度も注意されたら、自己不全感ばかりになってしまいます。

> 部屋の水道のところに鏡があり、落ち着きのない子が集中できない原因になっていました。カーテンをつけ、歯磨きなどで水道が必要なときにだけ開けるようにしました。
> →ふらつきがなくなり集中できるようになりました。　　　　　　　　　（12年目）

保育室の水道には、たいてい鏡がついています。これが気になって立ち歩く子がいます。この事例のように、カーテンをつけて、必要なときだけ開ける方法は有効ですね。

> 保育者が話をしていると必ず前に出てきて、水筒の水を飲もうとする子がいました。最初はほんとうに水が飲みたいのだと思っていましたが、何度も繰り返すのでどうしてなのか理解できませんでした。「気になる子」は不必要な刺激に反応しやすいと聞いて、理由がわかりました。
> →原因になっていた水筒かごを、子どもたちの視界から外れるところに移動したら、立ち歩きがなくなりました。こんな簡単なことでも問題行動をなくせるのだと気づきました。　　（5年目）

> テレビに近寄っては触る子がいて、いくら注意してもなおらないので悩んでいました。「気になる子」は不必要な刺激に反応しやすいことを聞き、「そういうことだったんだ」と納得しました。両サイドの棚と同系色の紙を段ボールに貼り、テレビを覆い隠しました。
> →立ち歩くことも、両サイドの棚を意味なく開けたりする姿もなくなり、大変驚きました。特徴を知って対応を工夫する、というのはこういうことなのですね。注意することが減ると、他の子たちも落ち着きます。　　　　　　　　　　　　　　　　　　　　　　　　　　　　　　　（24年目）

「刺激の選択ができない子」というのは、今までの幼児教育では想像もつかなかったのではないでしょうか。不必要な刺激を抑えて、必要なものだけを浮かびあがらせることができない、というのは相当な生きにくさです。子どもたちのこうした特徴を理解していなければ単に「言うことがきけない子」「しつけの悪い子」「行儀の悪い子」と誤解してしまうでしょう。事例のように、保育者がすぐに対策を講じれば、叱られる場面を減らすことができます。不必要な自己不全感を味わわせずにすむのです。

わかりにくいことが多いので環境を整理してあげましょう。

問題行動を、いつ、どういうときに起こすのかメモをとるようにしました。すると「活動と活動の間の待ち時間」や「トイレから保育室に戻ってきたとき」などに、友だちに手を出したり、立ち歩いたりすることが多いのがわかりました。保育者の目が行き届いていないことが多かったので、二人担任のどちらかがトラブルを未然に防げるように援助することにしました。
→トラブルが減りました。トラブルが起きるパターンがわかると、未然に防ぐことができます。「トラブル癖をつくらない」ということがよくわかりました。 （8年目）

物を投げたり、大騒ぎをする子がいました。その行動がどんなときに起きるか、観察してメモをとるようにしました。
→朝のあそびを終えて保育室に入ってきたときや、活動と活動の合間などの時間帯に起きることがわかりました。活動を終える少し前から予告して一緒に片付けたり、強くこだわる遊具は出さない、などの工夫をしたら問題行動がなくなりました。 （4年目）

他児を押したり、たたいたりなどの行動がある子の原因を探るために、時間帯、前後の活動、相手の子などを観察してメモしました。
→問題行動は、外あそびで、あそびの輪に入れないときに起きていました。保育者が他のあそびを提供したり、他児との橋渡しをすると、だんだん減っていきました。リアクションが大きい特定の子に手を出すこともわかったので、もう一人の保育者にケアしてもらうようにしました。 （4年目）

トラブルが多く、叱ることが多い子どもに対しては、「叱ってはいけない」のではなく、「叱らないですむ方法を考えることが大切」と聞きました。その子の行動を観察してメモをとると、どんなときにどんなことでトラブルになるかがわかりました。未然に防ぐことができるようになったので、その子も叱られて嫌な思いをすることもなく、また他の子から怖がられずにすむようになりました。 （5年目）

判断に迷うときは、行動が起きるときのメモをとるとパターンがわかってきます。トラブルの原因をなくすことが問題行動を少なくするポイントです。

年中組の担任をしています。朝の身支度のときに、注意を自分に向けたいのか、パニックになったり、ゴロゴロしたりする子がいます。そんなとき、「あらあら」とか、「怒った表情」を見せていたのは間違いだったのだと知りました。どちらの対応も、その子にとっては嬉しい反応だったのですね。これからは「無表情」で対応してみます。身支度しやすいように、環境も整理します。
→診断名も出ている少し障害が重い子どもですが、補助の保育者とも相談して、無表情で対応してみました。以前より「困った行動」が少なくなってきました。 （4年目）

「机の上にのって飛び跳ねる」「パンツをおろす」などの行動をとることがあり、困っていました。大きい声で「だめよ」「いけません」と言うのは、むしろご褒美になっていることがあると聞き、「ニコニコ」ではなく、「怒る」でもなく、「表情をなくす」ことにしました。
→こちらが反応しないのが面白くないのか、問題行動がおさまってきました。表情をなくす、というのは難しいのですが、この対応は正しかったと思います。もちろん、問題行動ではないときには表情を豊かにするようにしています。　　　　　　　　　　　　　（8年目）

私は我慢できても、社会では通用しないと思うことや、大きくなったら困るだろうな、と思うことはやめさせる、という判断のポイントはわかりやすかったです。いつも判断に迷っていました。トラブル癖はつけないほうがよい、ということもわかりました。　　　（7年目）

　保育者が問題行動を注意するとき、ニコニコしながら「だめよ」と言っているのをよく見かけます。すると、その子の行動はエスカレートしていきます。注意獲得行動に間違いないのですが、パンツをおろす、などは放っておいてはいけない行動です。「気になる子」は形にこだわるので、悪い形が身についてしまうと、後で修正するのは難しいのです。「いい形を最初から」が基本です。本来、保育者は表情が豊かですが、やってはいけない行為には「無表情の対応」が効果的です。そのあとで、ほんとうの意味でご褒美になる、代替的なあそびを提供したり、違う場面に誘ったりしてみてください。

切り替えが難しい子には、紙で時計を作り、10分前から予告して、ここになったら片付けるよ、と伝えました。
→「うん、わかった」と言って素直に受け入れ10分後には片付け始めました。見通しが立たない子には、こういう視覚的な方法だと理解できることがわかりました。　　　（9年目）

「叱らないけれど、譲らない」ということばが印象に残りました。叱らないですむように環境を整えることが大切だと感じます。外であそんでいるとき、裏の外階段を上ってしまう子がいました。園長先生と相談し、外階段の柵を高くし、ひもで括り付けて開けられないようにしました。
→問題行動がなくなりました。　　　　　　　　　　　　　　　　　　　　　　（2年目）

切り替えが難しい子には
10分前から予告しましょう。

してはいけないことは「できない環境」にすることが大切です。間違った形が身についてしまうと、後でその形を取り換えるのは大変です。またそれが許される環境で、叱ったり理屈を伝えるのも逆効果です。

「気になる子」で、物に対してのこだわりがとても強い子がいます。特に水色のブロックが大好きで武器を作っているのですが、取り合いで頻繁にトラブルになります。手の届かないところに置いたことがありますが、視界に入る場所だったので、その子はブロックから目を離さずに立ち尽くしていました。対応が間違っていたのですね。今度は「ブロックを最初から出しておかない」方法にしてみます。そして時が経過して落ち着いた頃、またブロックを出して様子をみようと思います。見えているのに我慢させるのではなく、「いい形を最初から」と「トラブル癖をつくらない」ことを考えながらやってみます。
→ブロックを出さなくしたら、こだわらなくなりました。それどころか、それまでは一人でブロックであそんでいたのに、友だちとあそび始めました。2週間ぐらいしてからブロックを出してみましたが、問題が起きませんでした。
(4年目)

困った行動が気になりながらも、成長とともにいつか自然になくなる、と思っていました。けれど「いつか」はないのだということがよくわかりました。問題行動を安易に受け容れるのではなく、大きくなったときどうなのかをよく考えて対応していきたいです。
(6年目)

今まではやりたいことを自由にさせてきました。それが個性を伸ばすことだと思っていたからです。けれど、「気になる子」の困った行動をエスカレートさせていたのかもしれません。改めさせようとしてもうまくいきませんでした。保育者の接し方や考え方に原因があったと知って衝撃を受けました。放置しておいたら、後々大きな問題になってしまうという指摘は、そのとおりだと思います。個々に合った指導法をよく考えていきたいです。
(24年目)

私は、療育センターに勤務して、「どういう指導をしたらどうなるか」を見届けようと思いました。それを確認するために35年をかけました。幼児期にきちんと指導された子とその親は、障害の程度を問わず、おとなになっても生活できていました。しかし、「いつかなくなるから」と放置された場合は、癖やこだわりが後々とても大きな問題となり、本人も家族も苦労することになってしまいました。

単なるヒューマニズムだけで見過ごすわけにはいかないのです。

第4章

保護者支援について
（特に「発達障害のすそ野にいる
子どもたち」の保護者に対して）

　福祉と教育の両方の仕事を経験して気づいたことがあります。教育の分野では、保護者支援を「一律に」の視点で考えますが、福祉の分野では「個別化」の視点で考えます。また、教育の分野では、「保護者の生活環境などを評価することは失礼だ」と考える人もいます。しかし福祉の分野では「保護者を判断しなければ支援できない」のも事実です。

　子どもは「家庭」や「家族」の影響を強く受ける存在です。子どもの支援は、「家庭」や「家族」というバックグラウンドまで視野に入れて行うことがとても重要です。そこを見ないで支援をするのは、医者が患部を見ないで治療することと同じです。

　また、事実を「善意に解釈しすぎること」は、「悪意に解釈すること」と同じです。事実を冷静に把握することが大切であり、そのうえで、子どもやその家族に合った支援を考えることが大切です。

支援をどのような視点でとらえるか？

　「障害」というものは、いくらか改善できるとしても、基本的にずっと持ちながら生きていくものです。発達障害は、見た目でわかる「障害」ではないので、軽度に見える子のほうが、社会適応のうえで、いろいろな問題を伴います。まず、世間の理解がなかなか得られません。「わがままな子」「しつけの悪い子」と受けとられがちです。対応によってはますます困った行動が増えていく可能性もあります。「病気」ではなく一種の「状態」です。だから、「そのような状態でありながら、『うまく生きていけるように』支援する」ことが大切です。「なおす」「伸ばす」ではなく「過ごす」「暮らす」という視点が必要なのです。

　したがって「過ごしやすく、暮らしやすく」、また「社会適応が難しい子にしない」（支援の方法によってはとても難しい子になりがちです）ことが一番の目標になります。

　私は「診断名の告知を受けていてもいなくても支援は可能」と考えています。どんな状態であっても生活していくのだから、「生活しやすくしていく」ことが支援の最重要課題になるからです。「思い」は大切ですが、それだけでは「気になる子」が暮らしやすくなりません。ひとつでも「生活しやすい工夫」を提供することが、一番の支援だと思っています。「生活しやすく」とは、子ども自身の状態を適応しやすくしていくこと、そしてまわりの環境を変えることの2点です。もちろんその大前提として、子どもと家族への理解が必要となります。

子どもの生活から18歳以後の生活へ

　今の教育制度では、低年齢から18歳以後まで、ずっと同じ人が支援し続けることはできません。だからこそ、支援する人は、子どもの18歳以後の生活を思い描くことが必要です。

　保護者はあまり先のことまでは考えられないし、考えると不安になってしまいます。半年から1年先くらいまでを見据えてもらえれば十分です。とりあえず、半年どうする、とか、来年は…くらいでいいのです。

　しかし、支援する人は常に18歳以後の生活を思い描きながら支援しなければなりません。

18歳まではある程度、所属するところがあります。けれど、人生は18歳以後が長いのです。

　親が障害を受容していくにはプロセスがあります（拙著『ほんとうの家族支援とは』（2012年・すずき出版刊参照）。子どもが低年齢のときに「自閉症ですよ」と告知されて、それを受容したようにみえても、ほんとうの意味で「障害を受容」するには10年はかかるのではないかと思っています。保護者の性格や気質、生育歴などにもよりますが、「わが子が大多数の人とは違った人生を歩むことになる」ことを受容するには、

やはり長い歳月が必要なのです。10年というと、小学校の3年生から4年生になる頃です。そうした保護者の気持ちは大切ですし、そばにいる支援する人は保護者の心情を理解しておかなければなりません。

支援のプロセス―生活環境の把握

生活環境の把握は、「気になる子」だけではなく、すべての子どもに必要なことです。では、どう把握し、それぞれのケースに合った支援方法をどう考えたらよいかを見ていきましょう。

(ア) 家族構成：兄弟の有無や、兄弟がいる場合は何番目の子どもなのか、その子の位置の把握は大切です。一番上の子と末っ子では、支援方法が違ってきます。たとえば下に弟や妹が何人もいるような場合、頻繁に専門機関に通うのは困難だからです。

(イ) 住居：家庭訪問ができるとベストです。住居や間取りの把握は支援の必須条件だからです。家庭訪問では、間取りまで確認することはできないでしょうが、大まかな把握でも構いません。家庭訪問がない園でも、子どもとのフリートークの中で情報が得られることもあります。一戸建てとマンション、食べる部屋と眠る部屋が同じか別かなど、条件によって、生活のリズムのつくり方のアドバイスなどが違ってきます。

(ウ) 父親の職業・収入：個人情報の保護が重視されるようになり、保育園はともかく、幼稚園や学校は父親の職業や収入を把握できなくなりました。しかし、これらは生活の基礎になる情報で、支援のためにはとても大切な要件です。個人情報だからといって関係機関同士で情報が共有されないと、重大な事態を招くことにもなりかねません。たとえば不適切な養育（虐待）の場合など、子どもの命を守るために情報共有は必須です。個人情報は関係機関同士の守秘義務、ととらえるべきだと私は思っています。
福祉保健センターには、地域担当の保健師が必ずいるはずです。保健師は他の職業の人より、情報を多く持っています。子どもを守るために、園と保健師は定期的に情報交換をしたほうがよいでしょう。そこで得た個人情報を無分別に公開しないことは、職業人として当然のことです。

(エ) 母親の生活処理能力：日常の生活感覚や生活処理能力を、冷静に把握することが必要です。そこに問題が感じられる場合、そのことを非難するのではなく、その人に合った支援方法を考えなくてはなりません。

(オ) 母親の精神的環境：夫婦関係や、親戚などのサポート体制の有無は、母親のメンタル面の安定に影響します。面談や家庭訪問ができるとよいのですが、面談を組まなくても、日々の送り迎えの際のちょっとした会話の中で、把握できるようにしましょう。相手を問い詰めることにならないよう、気をつけてください。

4 保護者へ伝えていく順番、伝える内容や方法

生活環境の把握ができたら、「家族や保護者が」「できるところ・可能なところから」助言していくことが鉄則です。支援する側が組み立てた順番ではなく、相手ができるところから、です。どんなに「これをしてほしい」と思っていても、保護者ができないことだと、助言はストレスになってしまいます。できそうなところから伝えて、それができたらその次、というように助言していくことが大切です。

また、子どもの「気になること」を伝えるときは、必ず園や保育者が対応してきた方法も伝えましょう。そのためには、保護者に伝える前にあらかじめ対応策を実践して、その子にとってどうであったかを確認しておくことが大切です。「気になること」を伝えられただけでは、保護者は不安になってしまいます（実は、それだけしかしない保育者が多いのです。保護者に伝えることで、保育者の気が軽くなるからでしょうか）。

「お子さんは活動と活動の切り替えがあまりよくできなくて、パニックになるんですよ」と事実だけを伝えるのではなく、「活動と活動の切り替えが苦手のようですから、次の活動に切り替わる15分ぐらい前から予告しています。そして一緒に遊具を片付けていきます。そうするとスムーズに部屋に入れるんですよ」というように、対応策も伝えるようにしましょう。

また、面談などの場合、話す内容を全部で10とすると、「よかったこと」や「がんばったこと」など、いい面を8割〜9割、「気になること」を1割〜2割ぐらいの割合で伝えるようにしましょう。「気になること」について話すときは「担任としてはこのように工夫していこうと思っています」という具体的な対策も付け加えることが大切です。

また専門機関につなげる面談のときには、必ず園長など担任以外の責任あるポジションの人が同席し、「園としても専門機関からのアドバイスを参考に、これからも協力して保育していきます」という姿勢を伝えましょう。

5 支援や助言が受け入れられない理由

考えられるのは次の3つです。

(ア) 違う考えを持っている
保護者が、保育者の助言とは違う考えを持っているのかもしれません。その人なりの育児方針があるのかもしれないので、面談のときなどに聞いてみるとよいでしょう。

私がどんなにアドバイスしても、母親が実行してくれないことがありました。そこで思い切って面談のときに聞いてみたのです。
「＊＊＊してみたらいいですよ、ってこちらからアドバイスしても、そのようになさらないのですが、何かお母さんのお考えと違うのでしょうか？」
　すると母親が答えました。
「え？ 『してみたらいい』とは言われたけれど『しなさい』って言われなかったから…」
　相手にわかりやすく伝えることの難しさを、あらためて痛感したエピソードです。

（イ）ことばが理解できない
　できるだけわかりやすく伝えているつもりでも、相手が理解できないことばを使っている場合があります。特に福祉や教育には独特の言い回しがあるので注意が必要です。できるだけどんな人にもわかることばを使いましょう。私は「共感ってどういう意味ですか？」と聞かれたことがあります。

（ウ）めんどうくさい
　「わかっているけれどめんどうくさい」のだと思います。相手の様子から判断して「できるところ・可能なところから」提案していくというのもそのためです。母親によっては「＊＊の記録を書いてください」ということだけでも負担に感じる人がいます。私は療育センターに勤務している頃、相手の負担を軽くするために、いろいろな工夫をしましたが、「とりあえずお子さんを連れてきてください」ということだけしか提案できなかったこともありました。

まとめ

　子どもの様子が少し良い方向に変わってくると、保護者と信頼関係ができます。つまり大変さを伝えるだけではだめですし、単なる励ましだけでもだめです。「はっきりとした告知」も「単なる気休め」も、結局はどちらも保護者を傷つけます。
　小さな提案をして小さな変化を共に喜べる関係でありたいものです。そのためにも、毎日の生活の中で子どもへの対応を保育者が工夫していくことが大切です。それによって子どもが少し変わってくると、だんだん信頼関係が生まれてきます。もし専門機関につなげる必要のある場合なら、そうした提案をするのは、保護者との信頼関係ができてからです。

保護者支援について（特に「発達障害のすそ野にいる子どもたち」の保護者に対して）

保育者 の 実践例

保護者支援について

よりよい支援を行うために、「支援のプロセス」を見直すことにしました。まずは「環境の把握」から取り組んでみようと思います。
（8年目）

発達障害の疑いがあることを保護者にどう伝えるか、ずっと悩んでいました。早く専門機関につなげることが大事だと思っていましたが、どんな保護者なのか把握して、保護者が「できること」「可能なこと」から提案していく、「暮らし方や過ごし方」の方法論を保育者も考え、家庭と一緒に取り組んでいくことが大切だと知りました。保護者に「子どもの状態をわかってほしい」ということばかりに気持ちが向いていたことを反省しました。
（8年目）

多くの保育者が「親にわかってほしい」と言います。しかし親だからこそ、子どもの障害をほんとうに理解するには時間がかかります。そのときまで、毎日の生活が少しでもうまくできるような工夫をしていくことが、保育者には求められます。

「子どもは家庭の影響を強く受ける存在。どんな家庭か把握することは支援には必要なこと、それをしないで支援を行うことは、医者が患部を見ないで治療することと同じ」「善意すぎても悪意すぎてもいけない、事実をきちんと把握すること」。そのとおりだと思います。保育者はとかく善意に解釈しすぎる気がします。それが、適切な支援につながらない原因になってしまうかもしれません。背景までしっかり見ていきたいと思います。
（10年目）

第4章

保護者支援について
〔特に「発達障害のすそ野にいる
子どもたち」の保護者に対して〕

今までは「気になる子」の保護者に園での様子やがんばったことなどを伝えても「はあ」「そうなんですか」だけで終わっていました。講義を聞いて「おうちでもほめてあげてくださいね」「お弁当にも入れてみてくださいね」「担任がこういう工夫をしたら上手に取り組めました。お母さんもやってみてくださいね」など、もっと具体的に伝えるようにしました。
→食べられるようになったものをお弁当に入れてくれたり、その場で子どもの頭をなでてくれるようになりました。具体的にわかりやすく伝えることの効果がよくわかりました。　（13年目）

言わなくても伝わるはず（暗黙の了解）は、実はなかなか伝わらないものです。だからこそ、具体的な伝え方を工夫する必要があるのです。どんな保護者なのか判断して、伝え方を工夫しましょう。

子どもそれぞれに個性があり、支援の方法はさまざま。同じことが保護者にもあてはまるのだと強く思いました。どんな保護者か的確に判断するためには、その人をよく見て、事実を把握することが大切だと知りました。判断する力を養っていきたいと思います。支援のプロセスを意識しながら、保護者に伝えていく技術を身につけたいです。　（6年目）

発達障害の疑いがある子の保護者への伝え方に、難しさを感じていました。「伝えるときは対応策とセットで」「担任が取り組んでうまくいったことを知らせる」などはとても良い方法だと思いました。対応策を伝えると、保護者の気持ちもやわらぐようです。また気になることに関しても「担任としてもこのように工夫してみるから」、と添えることが大切だと思いました。　（7年目）

具体的な工夫を一緒に考えていくことで、信頼関係がつくられていくのです。

年少組の頃から多動で、専門的支援が必要と思われる子がいます。療育センターへの受診を勧め続けていますが、納得してもらえませんでした。簡単に療育センターを勧めるのではなく、「園で、今後どう取り組んでいこうと思っているのか」をきちんと示すこと、「一緒に取り組んでいきましょう」という姿勢を見せることが大切なことに気づきました。今回の面談では、園での様子、家庭での様子について時間をかけて話し合い、「S君は、これから、学校や社会に出ていくのですから、何よりS君にとって一番良い方法、過ごしやすい環境を、一緒につくっていきましょうね」と伝えたら、療育センターに相談に行くことを決めてくださいました。S君や保護者の生活はずっと続いていくのですから、卒園までという限られた期間ではあっても、園としてできるだけの支援をしていきたいと思います。また診断名が出て、保護者がそれを受容したように見えても、ほんとうに納得するのには10年かかるということも忘れないようにしたいと思います。　（9年目）

※実践例の→には、実践したことによって見られた変化が書かれています。

軽くても重くてもわが子の「障害」を受け容れることは、親としてはそんなに容易なことではありません。障害のある子を抱えて生きていくのも大変なことです。障害を受容するにはプロセスがあります。私は多くの保護者と出会いましたが、「みんな一緒です、とか、気休めのことばをかけられるのが一番いやだった」と、親しくなると打ち明けてくれました。「それより、今日からどう暮らしたらよいか教えてほしいし、少しでも過ごしやすくなる方法を一緒に考えてほしいのです」と言われました。共感しながら支援するのは大切ですが、一番重要なのは、具体策を示しながら支援をしていくことです。専門機関につなげるときも「園としても、一緒に考えていきますよ」という姿勢を示すことが大切です。

支援プロセスでは、母親の生活処理能力を把握することが重要と聞いて、何人もの保護者の顔が浮かびました。なぜ、保護者に伝わらないのか悩んでいました。保護者に合わせて伝え方を工夫してみようと思います。　　　　　　　　　　　　　　　　　　　　　　　　　　　（9年目）

保育者の意図が保護者に伝わらないとき、母親の生活処理力を考えることが大事だと思いました。子どもの背景に保護者を重ねると納得できるものがあります。支援はなかなか難しいですがひとつずつやっていきたいです。　　　　　　　　　　　　　　　　　　　　　　　　　　（12年目）

保護者支援のためには「保護者の生活環境などを評価する」ことが大切、と学びました。保護者を評価するなんて失礼なのではないかと思っていました。しかし、できないことを提案するより、その家族にできることから提案していくほうが保護者も取り組みやすいですよね。いろいろな側面から、保護者の立場を理解していきたいと思います。　　　　　　　　　　　　　（13年目）

スライドで見た、はしやスプーンを入れる手作りの布のケースを、クラスの「気になる子」の保護者にも提案してみようと思います。洗えるし、手作りのあたたかさがあります。このような具体的な提案は、保護者にも受け入れてもらいやすいと思います。　　　　　　　　　　　　　（7年目）

使いやすいものを
用意してあげましょう。

第4章

保護者支援について
（特に「発達障害のすそ野にいる子どもたち」の保護者に対して）

手作りが好きな保護者には、喜ばれる提案だと思います。でも、手作りが苦手な人もいます。そんな場合は「できあがりが完璧ではなくてもいいんですよ。少しぐらい曲っていたほうが手作りの良さですからね」とか「手作りが得意な人に頼みましょうか。作っている間、お子さんを預かってあげましょうよ」などと提案してもいいですね。手提げバッグなどをつくるときも同様です。

面談のときは、「気になることは20%以下、いい面は80%以上」の割合で伝えることを心がけたいと思います。
（2年目）

面談では気になることは20%以下に、そしてその前にいい面を80%以上伝えてから、と聞きましたが、私はその反対だったと反省しました。これからは、伝えるバランスはもちろんですが、気になることを伝えるときは、担任はどのように工夫しようと思っているかも併せて伝えていきたいと思います。
（8年目）

睡眠中のホルモン、午前と午後の脳のリズムなど、夏休み中の生活リズムについて、イラスト入りでわかりやすく、クラスだよりに載せました。今までは、単に早寝早起きが大切、くらいのことしか伝えていませんでした。生活のリズムがなぜ大切なのかを、わかりやすく伝えられたと思います。
（6年目）

精神的に不安定なのは寝不足が原因なのではないか、と思われる子がいます。子どもの心と体の健康のために、生活のリズムはとても大切だということを保護者に説明しました。この講義で学んでいたので、自信を持って伝えることができました。「精神的な安定のためにも重要」ということまでは、保護者はわかっていなかったと思います。
（6年目）

生活のリズムは精神的な安定のためにも絶対に必要で、幼児期までにつくっておかないと学校期で修正するのは難しいのです。生活のリズムの大切さはもっともっと園から保護者へ伝えていってください。

降園時や電話連絡のちょっとした時間にも、子どもの様子やできるようになったことを、意識して保護者に伝えるように心がけました。
→信頼関係が少しずつできあがってきたので、面談もしやすいし、気になっていることも伝えやすい気がします。
（12年目）

81

第4章 保護者支援について（特に「発達障害のすそ野にいる子どもたち」の保護者に対して）

「気になる子」の保護者へは、「今日からどのように暮らしていくか」を伝えることが大切だと思いました。また、良いことをたくさん伝えたのに保護者に響かなかったのは、伝え方に工夫が足りなかったのだと思います。良いことばかりを伝えることも、困ったことばかりを伝えるのも、保護者の気持ちには沿っていないのだと知りました。子どもや家族の今後のことを見据えて「どのように過ごしていくことが、状況をよくしていくのか」も併せてしっかりと伝え、担任も一緒に考え、取り組んでいく姿勢を見せていきたいと思います。　　　　　　　　　　　　　　　　（7年目）

園の役割は子どもを育てていくことだけではないのだと、あらためて学びました。しっかりと家庭を支援していくことで子どもが安定した生活を送り、親と子が暮らしやすくなるのだと思います。園の様子、家庭環境などをふまえて総合的に判断し、支援を考えていこうと思います。（7年目）

園の役割は子どもへの対応だけではなく、子育ての啓発や、「気になる子」の保護者への具体的支援もあり大変重要です。代わりにやってくれるところはないのです。

保護者への伝え方を工夫しましょう。

第5章

「気になる子」を
支えるために…

　「理論から実践へ…」。この、理論と実践をつなぐ研修がこれほどないとは思ってもいませんでした。特に「気になる子」に関していえば、発達障害に関する研修か、実践経験による研修のどちらかのような気がします。科学的理論はもちろん知っておくべきです。だから療育センターの専門職などによる「障害」に関する講義も必要です。また経験豊富な保育者による「気になる子を受け持ったとき、どう対応したか」という研修も参考になるでしょう。けれど、経験値だけでは不確かです。

　保育者の皆さんが一番学びたいのは「担任しているクラスの子ども30人各人に目を配りながら、さらにその中の『気になる子』をどのように支援すればいいか」ということではないでしょうか。子どもたちに対して「寄り添う心」を持つのは保育者として当然ですが、それだけでは支援したことにはならないのです。

どんな研修が必要か

　私の講習を受けた保育者の中には「脳の話を初めて聞いた」という方が大勢いました。私は脳の専門家ではありません。しかし、人間の行動すべてを脳がコントロールしている以上、保育者も初歩的な脳の知識は持っているべきでしょう。

　特に「障害」についていえば、今までは「みんな一緒」の考え方が強すぎました。「障害像」の変遷も知られていないことが多いのです。現在の「発達障害」の特性から、ただ「一緒にいる」だけでは混乱が増すだけの子どももいます。だから私は「愛やヒューマニズムだけでなく、対応には科学的知識と技術が必要です」と何度も繰り返すのです。

　また第2章で書いた「心の発達」についても、初めて聞いたという保育者が多くて驚きました。学生時代に学んだことを忘れてしまったのでしょうか。あるいは、胎児期や0歳から3歳までの発達については、細かく教わっていないのかもしれません。しかし、「心の発達」は子どもすべてにあてはまることで、すべての基本です。胎児期からおとなまでの心の発達はしっかり学ぶべきだし、繰り返し学びなおす必要があります。

　福祉も教育も大学で学ぶことはやや哲学的なことが多く、技術的なことを学ぶ機会がほとんどなかったように思います。結局、現場で働くようになってから学ぶことが多いのです。もっと技術的なことを大学のカリキュラムに入れてほしいと思います。

　いろいろな都市や地域で「子どもにかかわる仕事をする人たちの研修」を行う場合の参考に、私が研修について心がけていることを以下に記します。

（1）職種や地域を限定し、対象を決める

　不特定な人を対象とした研修はしません。職種も限定します。なぜなら職種によって取り組むことが違ってくるからです。幼保の保育者、小学校の教師、保健師、早期療育の場の職員、療育センターの職員などが主な対象ですが、それぞれの職種に合った研修をします。地域もなるべく限定します。子どもをとりまく事情はその地域によって違うからです。

（2）わかりやすい講義

　講義はパワーポイントを使い、視覚的にもわかりやすく説明します。そして、メモをとるように余白の多いレジュメを用意します。受講者には、どんどん自分のことばでメモをしてもらいます。受講者がメモをとりやすいように、机を用意してもらったり、机が用意できないときは、レジュメをのせるボードをそれぞれに用意してもらいます。

（3）使うことば

　受講する人の職種に合わせて、いろいろなパターンを工夫します。深刻な内容が多いので、

講義自体はユーモアも交えながら、明るい雰囲気にすることも大切だと考えています。です・ます調で話しますが、途中で口語体を入れて、印象に残るよう、メリハリをつけています。専門用語はできるだけ一般的なことばで言い換えるようにしています。職種によって独特のことばがありますが、支援を受ける人たちに理解できなければ意味がないからです。職種間で連携を図る場合も同じです。受講者も、わからないことばがあったら「それはどういう意味ですか」と忌憚なく質問していいのです。そうした経験から、講師もよりわかりやすい研修ができるようになっていくからです。

（4）受講者の実践しようという意識を高める

私はその場だけで終わってしまうのではなく、一人ひとりの実践につながる講義を心がけています。そのためにリアクションペーパーを活用しています。受講者は「所属（職種）・氏名・通算の経験年数」を明記し、「講義の感想」と、「講義を聞いて、どんなことに取り組みたいと思ったか」を書きます。講義をシリーズで行った場合は、最終回のリアクションペーパーに、「講義を聞いてどんなことに取り組んだか」と、「その結果はどうだったか」を書いてもらいます。所属や氏名を明記することに躊躇する団体もあります。けれど単なるアンケートではありません。受講者が実践へどうつなげるか、意思を表明するものなので、必要だと思っています。私は回収したリアクションペーパーのすべてに目を通してから、主催者にお返しします。

連続して行う研修では、前回のリアクションペーパーを数多く読んで受講者に伝えます。受講者同士、いろいろな方法論を学び合える、苦労や悩みを共感できる、自分もやってみようとする意欲につながる、などの点で、とても効果がありました。

理論をきちんと伝えずにバズセッションなどを行うと「愚痴の言い合い」になりがちなので、私は避けています。

シリーズの研修の場合は、同じ人が全回参加することが条件です。講義は連続型になっているので出席したり休んだりすると情報や知識があいまいになってしまうからです。園行事と重なった場合も誰か1名は出席して、園に帰ってから報告してもらいます。講義は生き物です。出席して雰囲気やことばの使い方を感じながら知識を把握してもらうのが一番だと思っています。

（5）会場

明るい環境が適しています。講義内容が深刻な課題なので、できるだけ明るい場所で行うことは大切です。研修がうまくいくかどうかは意外なことに環境にも左右されるのです。たった1回の研修ならなおさらです。そして、椅子だけでなく受講者の前に机を置いてもらうのも条件のひとつです。メモがとりやすいだけでなく、自分の前に机があることで、気持ちも安定するからです。

（6）実例は豊富に・スライドを多用

理論とともに、実例もできるだけ豊富に紹介します。保育や福祉は「100の理論よりひとつの実践」です。もちろん「理論的裏づけのない実践」では困りますが…。私は園や学校に

ご協力いただいて撮りためた写真を、研修用に活用させてもらっています。こうした場合、園名や子どもや保育者の個人名は特定できないように配慮します。私が訪ねたどの園も撮影をしたり、写真を研修用に使用したりすることに「現場の先生方の悩みは同じですから、お役に立てるならどうぞ」とこころよく応じてくださいます。

実例を紹介すると、それを応用しながら、実践の工夫がしやすくなります。そうした実践例を、この本の中でも多数紹介しました。

どんな研修であっても、講師に依頼する場合は「こういう研修をしてほしい」という希望を、内容まで含めてはっきりと相手に伝えましょう。

研修は保育者一人ひとりの質の向上のために非常に重要です。それだけに、企画する場合は、研修の中身をもっと吟味するべきだと思います。

② 保育者間の連携

保育者間の連携が、今ほど必要な時代はないのではないでしょうか。そして今後はもっと必要になるでしょう。

子どもや保護者の姿が変わり、どの園でも職員の資質の向上が求められます。バスの添乗や時間外のスタッフも含めて、職員全員で研修を受けている園もあります。情報を共有し、それぞれの立場で連携しながら支援をするためです。誰かが代表で研修を受ける場合も、後日必ず園内研修をして、学んだことをみんなで共有するように伝えています。

フリーの保育者の役割もいっそう重要になってきています。川崎市の研修では、たくさんのフリーの保育者も参加し、担任を持っている保育者をどう支えればいいか、真剣に学んでいました。また二人担任の場合も、一緒に参加しているケースを多く見かけました。情報の共有、連携を図るうえで、望ましい姿です。

③ 不適切な養育（虐待）について

「不適切な養育」（虐待）の講義についても、はじめて聞いたという声が多くあがりました。「うちの園にはない」「私のそばにはない」と思っている保育者がとても多いのです。子どもの命にかかわる問題なので、もっと関心を持つ必要があると思います。

2000年に「児童虐待の防止に関する法律」が施行されました。その後何回か改正が行わ

第5章
「気になる子」を
支えるために…

れ、現在にいたっています。施行後17年もたっているのに、子どもに接する仕事をしている人で、この法律について知っている人が少ないことがとても残念です。この法律では、虐待の種類として1.身体的虐待 2.性的虐待 3.放置（怠慢）4.心理的虐待の4つが定義されました。ここで特筆すべきは、それまでの児童福祉法に加えて、性的虐待と、心理的虐待が加えられたことです。

子どものそばにいる職業の人すべてに通告義務があることを忘れてはなりません。

また、とても重要な事項として、「通告義務は守秘義務に優先される」という項目があります（児童福祉法（25条）にもありました）。もし通告してそれが間違いであっても罰せられることはありません。それほど子どもの命を守ることを大事に考えているからです。

悲惨な虐待の記事が、毎日のように新聞をにぎわせていますが、児童相談所は件数の多さに多忙をきわめています。通告しても素早い対応ができない場合もあります。受け皿（子どもを安全に預かるところ）も足りないのです。国としても必死で対策を講じています。施設より、グループホームのようなものがもっとできるといいのではないかと私は思っています。障害者のグループホームは、障害者本人や親、関係者が声を上げたことで、少しずつ増えてきています。しかし、虐待は本人も親も声を出しません。だから設置が遅れているのでしょう。

そうした場所ができたとしても、それは対症療法にすぎません。第2章で書いた根本的な対応、「『絶対依存』の時期の対応」の原点にたちもどることが重要なのではないでしょうか。子どもにかかわる仕事に携わっている保育者の皆さんにも、ぜひ真剣に対応策を考えていただきたいと思います。

「虐待の世代間連鎖」、つまり親から虐待された人は、自分も子どもに虐待してしまうケースが多いといわれます。ある調査では5割、別の調査では7割が世代間連鎖している、と報告されました。しかし中には世代間連鎖しなかった人もいるわけです。そういう人たちの調査研究をぜひしてほしいと願っています。私の推察ですが、そういう人たちは親には虐待されたけれど、親以外の「支えてくれる人」の存在があったのではないか、と思うのです。

薬物依存の人のためのリハビリ施設には「この施設にいるあいだは大丈夫だが、外に出ると自信がない…」という人が多くいます。薬物依存などのリハビリ施設は、どちらかというとグループワーク中心のようですが、「自分一人だけ」を受容してくれる人が必要なのではないでしょうか。自分だけを丸ごと受け容れてくれる人の存在です。虐待をする人や、各種の依存症が、生まれてから1歳半までの絶対受容の時期の満たされない思いを、大人になってまでひきずってしまったことが原因なら、「みんなが大切」ではなくて「あなただけが大切」と言ってくれる人を求めているはずだからです。

問題が起きてからではなく、まだ生まれて間もないごく初期に受容が行われることの重要性を保育者の皆さんはぜひ認識し、「一人ひとり」を受け容れることを続けて、同時に保護者にも伝えていってほしいと思います。

各園で「不適切な養育、および支援に関するマニュアル」を作成してください。支援の判断と流れの基本です。一人の担任が「もしかしたら、虐待では…」と判断するところからスタートし、園全体へ、さらに、どこへどのように通告するかの流れを示すものです。地域の福祉保健センターに問い合わせれば、相談にのってもらえるはずです。

子どもにかかわる職業に携わる者として

「子どもたちはおとなになるのです」。講義の最後に、私が一呼吸おいてこう言うと、受講者の間にさっと緊張が走ります。保育者は人の人生の一番根幹の部分を担当していることを忘れてはなりません。子どもにかかわる仕事は尊い仕事ですが、同時に責任の重い仕事でもあります。子どもたちの未来にかかわる仕事だからです。

私は2004年から横浜市の教育委員会でコーディネーター養成研修の講師をつとめましたが、「これからはひとつの学校に一人、教師でありながら、ソーシャルワーカーの役割をする人が必要になりますね」と話したものです。ところが数年もしないうちにすべての担任がソーシャルワーカー的役割を持たなくてはならない時代になりました。それは、教育の世界で新しく学校に置かれるようになった、スクールソーシャルワーカーとは意味が違います。私が言いたいのは「担任をしながら、ソーシャルワーカー的役割をする」ということです。今、学校では毎日のように担任の教師がさまざまな問題に取り組んでいます。学年会で教材研究などをする時間がないくらい、福祉的な問題に対処しなければならない、という事態になっています。問題が大きくなってからでは対応は難しいのです。

「気になる子」、つまり「愛着形成の不足で落ち着きのなさを見せる子」、「発達障害のすそ野にいる子」、どちらの子どもも小学校に入学し、やがておとなになります。この「生きにくさを抱えて生きていく子どもたち」のために、今まであった保育者の役割に加えて、さらに重い役割が加わりました。しかし、「支えてくれる人がいた」、それも「具体的に支えてくれる人がいた」という事実は、きっとこの子たちの未来を切り開いていってくれることと信じています。

今、子どもたちにかかわる仕事に携わる者として、保育者には特に何が必要なのでしょうか。私は「感性と技術」の両方だと思っています。「感性」とは印象を感じ取り、受け容れる能力です。これは生まれつき備わっている要素が大きいのではないかと思いますが、感性を磨きたいと意識するとしないでは、差が出るように思うのです。特に人に対する感性についてはそうです。では、感性はどうしたら磨くことができるのでしょう。

「本や映画は人生の学校」と私は思っています。人一人の人生は単調なものです。本や映画でたくさんの人の多様な人生に触れることは、きっと感じ取るレッスンになるでしょう。仕事が忙しく、時間をやりくりするのは大変ですが、ぜひ、読書をしたり、映画館に足を運んだりしていただきたいと思います。今までの私の著書で、本や映画の紹介をしました。子どもに接する職業の方にぜひ触れていただきたいと思う作品を選びました。参考にしてみてください(『あなたのクラスの気になるあの子』『ほんとうの家族支援とは』以上すずき出版刊、『気になる子の未来のために』フレーベル館刊)。

私は講義の中で「人の立場はそれぞれ違うものであり、絶対その人にはなりえないものです」と伝えています。たしかに、その当事者にはなりえないのですが、できるだけその人のそばで支援することは必要です。

保育者の皆さんに、お願いがあります。園内だけでなく街中でも、「子ども連れの人を見かけたら、さりげなく観察」してみてください。きっ

と、荷物の多さや、思い通り、時間通りに運ばない生活に気づくことでしょう。他人の子どもだったら寛容になれるのに、自分の子どもだからこそ小さなミスにいらだつ姿に気づくでしょう。また逆にちょっとしたしぐさに喜ぶ姿も見られることでしょう。園に来るときの身構えた姿とは違った、生活の一部が実感できるでしょう。

　もっと大事なことは、疲れているように見える母親に出会ったら、ぜひ声をかけてほしいのです。育児に疲れているとき、まわりの人の共感がどれほど励みになることでしょう。特に子どもに泣かれて困っている母親に、声をかけてあげてください。もちろん一般の人たちにもそうしてほしいのですが、保育者の皆さんなら、きっと一般の人よりできるのではないかと思うからです。なぜなら、たくさんある職業の中で、「子どもにかかわる仕事」を選んだのですから。

　そういう特別な職業であることを、そして人生を支えられる職業であることを、もっと自覚していただきたいのです。あなたのことばで、子どもたちの未来を支えてあげてください。

朝日新聞（2016年11月27日）投書欄「声」より

「子連れにやさしい言葉　　心温かく」主婦30歳

とても寒い日、3歳と生後5か月の二人の息子を連れて歩いていると
自転車で追い越した70代ぐらいの女性が
わざわざ自転車を降り、戻ってきました。
「孫が小さかった頃を思い出して」。
ベビーカーをのぞき込んで「まあかわいい」。
歩き疲れベビーカーの端に乗っていた上の子に
「お兄ちゃんもえらいわねえ」、
私には「今は大変だけど、頑張ってね」
と笑って立ち去りました。
つかのまのできごとでしたが、
心も体もぽかぽかと温かくなりました。
子育ては楽しいけれど、想像以上に大変。
でもこうして声をかけてくれる人も多くて、そのことばに救われます。
「誰だったの」と聞く息子に
「知らない人だけど話しかけてくれたんだよ。うれしかったね」
と答え家に帰りました。

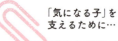

「気になる子」を
支えるために…

保育者の実践例

研修について

保育者の工夫が書き込まれたリアクションペーパー。

> リアクションペーパーを読みあげていただくと、他の保育者の考え、感想がわかり、刺激になります。ふだんは他の園の保育者がどのような思いで保育をしているのかよくわからないし、一人で迷うことも多く、くじけそうになってしまうことがありました。しかし、多くの保育者が同じように悩み、工夫し、子どもたちの変化を楽しみながら保育していることを知り、明日からがんばろうという気持ちになりました。
> （6年目）

> 他の保育者の感想や取り組みが聞けて、とても勉強になります。今度は私も取り入れてみようという意欲につながります。
> （7年目）

> 他の保育者の感想や取り組みを聞いたり、スライドで実践例を見られるので、とてもわかりやすいです。紹介されたことすべてを自園で取り組めるわけではありませんが、自分のクラスに合った方法で取り組んでいこうと思います。
> （3年目）

> 自分の悩みにすっきり答えが出て、やる気が出るので毎回楽しみでした。もっともっと自分の技術を向上させてよりよい保育者になりたい、子どもたちにとってよい保育者になりたいと強く願わせてくれる研修でした。
> （4年目）

今までいろいろな研修を受けてきましたが、次の日からすぐ取り組もうと思える研修はなかなかありませんでしたし、研修を実践に活かそうと考えたこともなかったような気がします。しかし、この研修は、子どもをどういうふうに援助しようか、ということが明確になり研修の成果を感じることができました。2年続けて受講していますが、1年目よりさらに理解でき、またこういう工夫もできるな、と感じています。これまで学んだことは実践に活かし、子どもが変化していくことを実感しました。うまくいかないときも、どういう工夫をすればできるかな、と考える余裕ができました。

（8年目）

リアクションペーパーによる振り返りは、園によって取り組みはそれぞれ違っていても、他園の保育者も同じ悩みを抱え、研修をもとにさまざまな方法を工夫している様子がわかります。勇気づけられる、大好きな時間です。

（7年目）

研修に参加すると、早く子どもたちに会いたくなります。そして、他園の先生方の実践を自分も早く取り入れてみたくなります。

（6年目）

　研修に来るのがワクワクする、研修のあと早く子どもたちに会いたくなる、他の保育者の工夫を早く取り入れてみたい、リアクションペーパーを読む時間が大好きな時間、などの意見が多く寄せられました。深刻な分野で、気が重い課題も多いのですが、保育者の意欲に講師が触発されることも少なくありませんでした。理論をわかりやすく伝え、さらに実践につながる具体的な研修がもっと増えることを願っています。

　1回目の研修を受けてすぐに実践できることから改善しました。他園の体験談や方法論を参考に、工夫して自園でも取り組むことで、驚くほど子どもたちが変わりました。集中力がついただけではなく、自主的に取り組む姿も見られました。基本や理論がわかると、いろいろな場面に応用できます。発表会の練習などもわかりやすい方法で取り組んだので、子どもたちも無理なく、今まで以上の達成感が得られたのではないかと思います。研修が自分の保育の反省や見直しにつながり、新しい取り組みができました。引き続き行っていきたいと思います。

（8年目）

自分の保育観だけでは行き詰まってしまいます。研修で他の保育者の感想や実践を聞き、とても勉強になりました。良い刺激になりますし、視野が広がります。参考にしながら、保育に活かしていきたいです。

（11年目）

研修に参加した次の日は保育が変わります。保育に迷っているとき、他の園で実践して成功した例を紹介されると、自分も取り入れてみよう、もっと違う工夫もしてみようという気持ちになります。製作あそびをするとき、私も完成品を見せていましたが、小さいものでした。これからは実物の4倍以上の大きさで作ることにします。 （7年目）

良いと思ったことはすぐに自分の保育に活かす。素早い応用力が素晴らしいですね。

講義を聞きながら、気になっている子の顔や行動が思い浮かびました。受容することの大切さ、脳のしくみや働き、生活のリズムの重要性などを科学的に知ることができました。保護者にわかりやすく伝えるためにも、こういう科学的な学びが必要だと思いました。 （5年目）

保育のプロフェッショナルとして、科学的な学びは必要ですね。「ただ大事だから」ではなく「こういう仕組みになっていてこういう結果につながるから」、とわかりやすく説明できれば、保護者も納得するでしょう。

私のリアクションペーパーが読まれたときは、とても嬉しかったです。子どもがほめられたり受容されるといかに満たされるかわかりました。 （17年目）

担任をしていた頃、してはいけないことをずいぶんしていたと感じます。保育者の背景への飾り、大きな声での指示……。この研修に参加した保育者は、よい環境づくりができるのではないかと思います。自分も後輩の保育者たちをフォローしていきたいと思います。 （22年目）

研修を受けて、今まで大切だとなんとなく意識していたことが「どうして大切なのか」、はっきりと理論的にも自分の中で納得できました。 （8年目）

なんとなく経験から、ではなく「こういう理由だから」と理論的な裏づけをもとに説明できるようになることはとても大切です。

受講後に感想を書くことは今までもありましたが、それを講師が全部読み、次の研修で、フィードバックされる研修は初めてでした。他の保育者の取り組みを聞き、自分を振り返る機会になります。 （21年目）

保育中に何か起きたとき「子どもをどうさせるか、ではなく保育の工夫をどうするかなのだ」というリアクションペーパーのことばに心をうたれました。保育の工夫（たとえば背景、ことばの使い方、自分の立ち位置、子どもたちの席など）で自分の保育でもあきらかな変化があったので、工夫することの大切さに気がつきました。　　　　　　　　　　　　　　　　　　　　（4年目）

「低い台の上から飛び降りただけなのに、世界で一番高いところから飛び降りたと思っているのが概ね3歳児です」「世界で一番遠くにボールを投げたと思っているのが3歳児です。でもあるとき、あれ？　自分より遠くに投げられる子がいる。あるいは、自分ほど遠くに投げられない子もいるんだ、と気付くのが概ね4歳児ですよね」という表現の仕方など、とても参考になりました。自分を客観視し始める年齢があるということ、そしてそれができないのが「発達障害のすそ野にいる子たち」なのだということなどわかりやすかったです。
保護者に話をするときなどで、わかりやすい表現を心がけたいと思います。　　　（4年目）

　発達障害の専門家の講義は、科学的、理論的になりすぎて、保育者にはわかりにくいのではないかと感じていました。障害関係の書物も、難しい専門用語ばかりのものか、個人的な体験を書いたものばかり。その中間の、理論的でありながらわかりやすく読める本がなかったのです。
　私が講義や執筆で大切にしているのは、子どもにかかわるすべての職業の人にわかりやすく表現することでした。保護者に伝えるときなどの参考にしてください。

長く保育者をしていると、少しずつ仕事に慣れが出てきていました。他の保育者の実践を聞くと、もっともっと取り組めることがある、と意識できます。上原先生が伝えてくださった「EVER GREEN」の気持ちを大切にしたいです。　　　　　　　　　　　　　　　　　（9年目）

　「EVER　GREEN」とは、ある後輩から私に対して贈られたことばです。最初は意味がわからなかったのです。語源は「常緑樹」らしいのですが、「永遠に新鮮、永遠にフレッシュ」という意味だとわかり、とてもいいことばだと感激しました。みんながそうなれるように、と願っています。

多くの保育者が参加する研修

保育者間の連携

二人担任制なので、もう一人の担任と一緒に研修に参加しています。情報を共有できるし、これからどんな工夫をしていくか、一緒に考えることができます。話し合うことが楽しみです。（6年目）

担任二人が研修内容を共有しているのはいいことですね。楽しい話し合いからはよいアイデアが生まれることでしょう。

主任会議で研修内容を報告し、みんなで環境について話し合いました。園全体での共有が大切だと思います。全員で環境の整理に取り組んでいます。　　　　　　　　　　　　　　　　（8年目）

自園でこの研修の報告会が楽しみだと言われました。リアクションペーパーの内容を参考に、他園の保育者の取り組みもなるべく紹介しています。　　　　　　　　　　　　　　　（6年目）

環境の見直しなどは、保育者一人だけで行うのでは意味がありません。園全体で意識をひとつにして取り組むために、報告会は大事ですね。研修の報告会が楽しみというのはとてもいいですね。プレゼンテーションが上手にできているのでしょう。

研修に参加しても、フリー保育者が具体的に取り組めるのか疑問に思っていました。同僚へのアドバイスなど、自信を持って伝えられるようになりました。今までは、なんとなく経験で「〇〇するといいですよ」と言ってきましたが、受講後は「〇〇すると□□だからいいですよ」と理論的裏づけを、堅苦しくなく伝えられるようになりました。　　　　　　　　　　　　　（16年目）

フリーとしての立場で現場に立っているため、学年に関係なく園庭でのあそびをフォローしたり、バスを降りてからくつ箱付近までのサポートなどをしています。自分には何ができるか？と難しさを感じていましたが、研修に参加して、担任の保育者の目の届きにくいところへのサポートと連携がいっそう必要とわかりました。一人ひとりの受容のためにも、子どもたちの様子をよく見て、担任への伝達などを密にしていきたいと思いました。　　　　　　　　　　　　　　（16年目）

フリーの保育者です。研修の次の日には担任を持っている保育者たちがいっそう保育を工夫している様子がわかります。客観的に見ても、園内が子どもから見てわかりやすい環境になってきました。子どもたちが落ち着いてきた様子もよくわかります。担任の保育者たちと共感しながら、サポートしていきたいです。　　　　　　　　　　　　　　　　　　　　　　（7年目）

研修を通して、フリーとしての活動の重要性が再認識されたと思います。担任を支え、保護者や子どもたちのフォローをし、また客観的に保育を見られる立場にいるフリーの保育者の存在はとても大切です。ぜひ連携を密にし、積極的に助言していきましょう。

正規の職員以外にもバスの先生や補助の先生、延長保育の先生などパートの保育者も増えました。スタッフ間の連携のために、研修で学んだことなどを連絡ノートに記入して回覧し、情報を共有できるようにしています。　　　　　　　　　　　　　　　　　　　　　　（30年目）

延長保育の担当の先生とは会話が少なかったと反省しています。延長保育を利用している子どもの中に「要配慮児」が多いので、情報の共有や接し方など細かく連携をとっていきたいです。　　　　　　　　　　　　　　　　　　　　　　　　　　　　　　　　　　（18年目）

保育園などでは、早朝や延長時間の勤務を、非常勤のスタッフに委ねている園が多く見られます。朝と夕方は子どもが一番不安定になる時間でもあります。保護者に出会う機会も担任の先生より多いことでしょう。つまり、朝夕の保育を担うスタッフにこそ、「気になる子」や保護者対応のエキスパートになってもらう必要があります。非常勤のスタッフやバスの運転手さんも含めて研修を受ける体制をつくっている園もあります。時間外保育担当者の資質向上は今、大きな課題です。

保育者同士の情報の共有はとても大切です。

虐待について

虐待について、詳しく知ることができました。子どもの一番近くにいる者として、しっかり子どもたちを見守っていきたいと思います。 　　　　　　　　　　　　　　　　　　　　　　　　　　　　　　　　（7年目）

虐待について初めて学び、今まで見過ごしてしまっていたことがあったのではないかと心配になりました。自分のまわりにはないだろうという思い込みがあったと思います。子どもと保護者を今まで以上に気をつけて見ていこうと思います。 　　　　　　　　　　　　　　　　　　　（10年目）

虐待の通告義務は守秘義務より優先される、ということを初めて知りました。きちんと学ばないと子どもたちを救えないのだと思いました。 　　　　　　　　　　　　　　　　　　（5年目）

「通告の義務」などを重く受けとめ、子どもに対して責任のある職業についていることを自覚したいと思います。また保育者間の連携も密にしたいと思います。 　　　　　　　　　（4年目）

子どものサインを見逃さないようにしたいと思いました。また「園の対応マニュアル」作成についても考えていきたいと思います。 　　　　　　　　　　　　　　　　　　　　　　（17年目）

虐待を防ぐためにも、私たちが子どもや保護者一人ひとりを受けとめるとともに、懇談会などで、受容の大切さを保護者に伝えていくことが大切だと思いました。 　　　　　　　　（25年目）

虐待について、今まで身体的虐待ばかりに目を向けていましたが、見逃しがちな心理的虐待もあることを知りました。子ども一人ひとりを丁寧に見ることで防ぐことができるのではないかと思います。心理的虐待について、伝え方に十分な配慮をしながら、保護者に話していくことも大切だと思いました。 　　　　　　　　　　　　　　　　　　　　　　　　　　　　　　（8年目）

> 今、虐待について児童相談所と連絡をとりあっています。家庭にどのぐらい介入するべきなのか、とても悩んでいます。　　　　　　　　　　　　　　　　　　　　　　　　　　　（22年目）

実際に虐待のケースに出会うと、対応の難しさを痛感するでしょう。関係機関同士の連携が必須なこともよくわかるでしょうし、子どもを安全に預かる受け皿の少なさも実感するでしょう。これからの大きな課題です。

> 身体的虐待はもちろん問題ですが、最近、体操着やコップの汚れなどを洗っていない親が増えてきました。持ち物の状態や子どもや保護者の心理面にも注目していきたいと思います。最初の段階として、懇談会などで、保護者全体に話していこうと思います。でも、聞いてほしい保護者にかぎってなかなか懇談会に出席してもらえないのが実情です。　　　　　　　　　　（16年目）

> 虐待の世代間連鎖がなかった人たちには「支える人がいた」のではないかということ、そしてそれは「保育者であるあなたたちになってほしい」ということばに考えさせられました　（12年目）

虐待について取り上げる研修は、今までほとんどなかったと思います。多くの保育者が初めての機会だったと記述しています。通告義務や福祉保健センターや児童相談所の存在についても、よく知らなかったようです。園長、副園長、主任などの役職にある方には、ぜひ専門的な研修を受けていただきたいと思います。また、園ごとに対応マニュアルを作っておくことも必要です。

子どもにかかわる職業として

「人にかかわる仕事であること」「子どもたちに接する仕事であること」「『感性と技術』両方が必要な仕事であること」。このことばは私が保育者である限り一番芯のところにかかげておきたいと思いました。そして後輩たちにも伝えていきたいと思います。 （8年目）

園長をしています。この30年で社会構造は大きく変化しましたが、子どもや家庭も大きく変わりました。そうした変化に対応するために、技術的な研修は大いに役立ちました。
保護者からはいろいろな相談を受けます。ささいなことから深刻なことまでいろいろです。面談は緊張した雰囲気になりがちなので、日ごろの子どもの様子を話題にすることから始めるなど、保護者がリラックスできるよう心がけています。また、相談の内容によっては、1回だけで終わらせるのではなく、半月後、ひと月後、など、継続して行うようにしています。
普段から園児一人ひとりの様子や変化を気をつけて見ています。担任に任せるだけでなく、共によき理解者でありたいと思っています。 （32年目）

園長として、地域のいろいろな会合に出ることが多いです。また保護者勉強会なども依頼されます。園内だけでなく、さまざまな機関が連携して支援にあたれるようにファシリテートしていきたいと思っています。 （32年目）

園長先生は、大きな影響力を持つ存在です。園の中だけではなく、ぜひ、地域での役割を発揮し、子育てについての発信をしていってほしいと思います。いわゆるファシリテート（地域内の合意形成や相互理解をサポートすることにより、地域の活性化、協働を促進させること）の役割です。

精神的安定のためには規則正しい生活が大切だということは子どもだけでなく、保育者にもあてはまります。自分自身、寝不足のときなどは感情的になっていると感じます。保育する前の準備、気持ちの整理など、子どもたちに悪い影響がないよう、安定した生活リズムを心がけようと思います。 （4年目）

保育者の感情の安定はもちろんですが、声のボリューム、スピード、トーンなどは子どもに大きな影響があります。風邪などで喉を痛めると、聞き取りにくいトーンになってしまいます。そのような面からも、保育者の心身の安定は大切です。

保育者という仕事の、大切にしなければならないことの幅の広さ、深さを実感しました。まさに「全体を見ながら一人ひとりを受けとめる」という考えで、クラスの運営、行事、子どもの様子の観察、保護者への対応…どの項目も自分のスキルを磨いて取り組んでいきたいと思いました。子どもの明るい未来のために。具体的にはまず、「子ども一人ひとりと確かな信頼関係を築く」ことから始めたいと思います。「子どもは自分の気持ちを受けとめてくれる人のいうことをきく」と言う言葉のとおり、何が好きか、どんなことをしたら喜ぶか、どんなことで笑顔になるかをかかわりの中で知り、ありのままの姿を受けとめ、安心して過ごせるよう工夫したいと思います。　　（9年目）

街で見かける子ども連れの人たち。気をつけて見てみると、持っている荷物が大きいです。親の思いどおりにものごとが進んでいかないこともわかります。私にはまだ子どもはいませんが、2歳になる姪がいます。親が忙しいときに預かることがありますが、「親の感情ってこういうものなのか」と少しわかるようになりました。また「わが子のかけがえのなさ」といったものも、ぼんやりとでもわかる気がします。子を持つ親の思いを意識するのとしないのでは、伝え方が違ってきます。なるべく子どもの楽しんでいたことや興味のあることを具体的に伝えるようになりました。
→保護者との距離が接近したように感じますし、子どものちょっとした様子を伝えることで、迎えに来たときの表情に変化が見られ、保護者が子どもたちにやさしくなってきたと感じます。
（11年目）

「子どもがいるといないとでは全然違います。幼い子どもがいる母親の生活を常にイメージすることが大切」ということばが心に残りました。今までもそうしようとはしていましたが、これからはいっそう意識していきたいと思います。　　（3年目）

子どもがいる生活をいつも意識しましょう。

※実践例の→には、実践したことによって見られた変化が書かれています。

母親のほんとうの大変さはわからなくても、子を持つ親の気持ちを、勤務時間ではなくても意識していきたいと思います。今までより、お母さんたちの心に響く伝え方ができるようになりたいと思います。 　　（2年目）

「子育てしたこともないくせに・・・」と思われているんじゃないか、と思ったことがあります。けれど、子どもを持つ親の生活を意識するとしないのとでは、保護者への対応が大きく違ってくるのだろうと感じました。クラスの子どもを見ていて、「お母さんはきっとこんなとき、甘えさせたくなるんだろうな」と思った瞬間がありました。子を持つ親の生活をたえず意識することは、保育者という職業には必要だと思います。 　　　　　　　　　　　　　　　　　　　　　　（2年目）

　人それぞれ立場が違います。誰もその人に代わることはできません。できるだけそばで支援するのは鉄則ですが、その人自体にはなりえないのです。特に、子どものいない人が、子を持つ人の生活を想像することはなかなか難しいことです。だからこそ、「いつもいつも子どもがいる生活」や「わが子に対する親の気持ち」を折に触れて想像してみてほしいのです。大変さを思いやる気持ちがあるとないとでは、保護者への対応がまったく違ってきます。

運動会の練習で、なかなかうまくできない子に特別指導したあと、「○○くん、上手に踊れるようになったね」とその子だけにわかるように声をかけました。保護者から「先生に踊りが上手だったって言われた、と喜んでいました」と聞きましたが、練習にも意欲的に参加するようになりました。一人ひとりが達成感を得られるような声かけをしたいと思います。 　　　　　　　　（6年目）

子どもにかかわる仕事をしているからこそ、子どもに関係するニュースや記事がないか気にかけ、子どもをとりまく環境の実態を理解していきたいと思います。 　　　　　　　　　　　（9年目）

保護者に接するときは、どんな小さなことでもいいから、子どものことをほめるようにしています。喜んでくれて、子どもたちにやさしく接してくださるようにと願っています。 　　　　（4年目）

「日常出会う、赤ちゃんや子ども連れのお母さんに声をかけてあげることが大切」と聞きました。通りがかりの子どもに笑いかけたりはするものの母親にまで声をかけたことはありませんでした。自分でも役にたてるのなら、ぜひやっていきたいと思いました。 　　　　　　　　　　（30年目）

核家族化し、さまざまな社会的要因もあり、今、子育てはほんとうに大変です。街で赤ちゃんや子どもを連れているお母さんに声をかけてあげてください。「かわいいわね」と言われることで、どんなにお母さんは和むでしょう。また子どもが泣き騒いでいるときなど、ぜひ荷物を持ってあげたり、お母さんの手助けをしてあげましょう。昔、私が娘をおんぶして歩いていると、通りがかりの人が、娘の帽子をなおしてくださったり、かけているものがずれていたらかけなおしてくださったことがとても嬉しかったことを覚えています。最近では、孫を連れて歩いているとき、男子中学生がドアを開けてくれて、とても心が和みました。
　あと一歩で虐待してしまいそうなお母さんをよく見かけます。「お母さんへのひとこと運動」。保育者なら、一般の人より上手にかかわれるのではないでしょうか。

困っている母親を見かけたら手助けしてあげましょう。

あとがきにかえて

　川崎市幼稚園協会と私との関係は今から40年近く前にさかのぼります。私はまだ20代でした。あの日のことはよく覚えています。当時私が勤務していた横浜市にある小児療育相談センターに川崎市の3人の園長先生が訪ねていらっしゃったのです。当時、私たちは療育センター内部だけでなく、横浜市の幼稚園や保育園に直接出向いて、「障害のある子」たちをどのように保育したらよいか相談を受ける仕事を行っていました。その活動を伝え聞いて「川崎市の幼稚園にも力を貸してほしい」とお願いに来てくださったのです。そしてその3園でまず、保育の参観、職員研修、コンサルテーションを行いました。すると「こういう支援や学びが欲しかった、ぜひ川崎市全体の幼稚園のためにお願いしたい」と3人の園長はおっしゃいました。

　次の年から、川崎市幼稚園協会の研究部で年間10回の勉強会と、園を訪問してのコンサルテーションが始まりました。訪問して驚いたのは、川崎市の幼稚園では、専門の施設でケアしたほうがよいような重度の障害の子どもまで引き受けていることでした。当時は「幼稚園（あるいは保育園）に入ればよくなるでしょう」と助言する専門機関も多かったのです。「みんな一緒」の考えとともに、「みんなと同じ園へ」という形が進歩的な考えのように受け取られていました。私自身は当時から単なる「統合保育思想」には疑問を抱いていました。子どもの状態によっては、ただ「みんなと一緒に」だけでは、

大変な混乱を引き起こすことにもなりかねないからです。特に次第に増えてきていた「自閉症とその周辺領域の子どもたち」には簡単に解決することのできない大きな問題がいろいろありました。私は人権や大きな意味でのノーマライゼーションに関する「みんな一緒」の考え方について異論はありませんが、「単なる『思い』だけではなく、もっと具体的に対応方法を探りたい」と考えていました。私の考えと川崎市幼稚園協会の考えは完全に一致していました。

　川崎市では私立幼稚園100園が協会に加盟していました。そのうちの40園が研究部に所属します。月に1回の勉強会では理論的な勉強と、事例の検討を並行して行いました。そのために私は事前にその園に出向いて一日保育に入りました。そして子どもたちが帰ったあと、夜遅くまで、保育者と検討を重ねました。

　ただ通わせればいい、ではなく「できるだけこの子たちがいい形で過ごすにはどうしたらよいか」「保育室や席の設定・スケジュールはどうしたらよいか、介助はどうするべきか」「卒園までの間に何が提供できるだろうか」。どの園の保育者も必死でした。そしてそれを毎回、全体の勉強会で報告しました。まさに「理論と実践」の融合であったと思っています。そこには単なるヒューマニズムではない、「この子たちの未来のために」の考えがすでにあったと思います。勉強会は15年近く続きました。この会のお

かげで、私自身の技術や理論的な確認も向上した
と思っています。この間、川崎市全園の80%近く
を訪問しました。研究部以外の先生方のために夏
講座にも参加しました。

　その後の15年間は、私が横浜市の「公立民営」
の療育センターに異動したため、川崎市の研修に
は、年1回～2回程度しかかかわれなくなりました。
58歳で療育センターを退職して大学の研究員になっ
てから、また川崎市との縁が復活しました。園長
先生方の何人かはすでに引退され、その息子さん
や娘さんたちが園長先生になっていらっしゃいました。

　横浜市の療育センターでずっとソーシャルワーカー
として活動してきたので、この40年間の子どもた
ちの変化が私にはよくわかっていました。しかし
「障害像の変化」「母子関係の変化」「新たな行政の施
策」の実態などは予想をはるかに超えるものであり、
問題はもっと複雑になっています。

　川崎市と再び深くかかわるようになり、研修会
のあり方を、研究部の方々と話し合いました。「障
害」に対しての考え方は、40年前に私を訪ねてき
てくださった3人の先生方も現在の研究部の方々も、
まったく一致していました。これも川崎市幼稚園
協会のDNAなのかもしれません。

　そして2015年から、「川崎市の幼児教育を考え
る」研究会がスタートしました。研究部の方々だけ
でなく、多くの園の園長先生が考えに賛同してく
ださり、自園の保育者を積極的に研修に参加させ

てくださいました。

　「障害児」対応には「寄り添う心」や「みんな一緒」
という考えが優先されがちです。それは胸の中に
納めて、きちんと理論を学び、どのように実践に
活かし、その結果子どもたちがどうなったのかの
確認を繰り返していくことが大切なのです。

　川崎市幼稚園協会の鈴木伸司先生、山田まり子
先生、研究部の嶋﨑正浩先生、岡本量寿先生、鈴
木正宏先生はじめ関係者の皆様、また参加した全
園の先生方、園長先生方に感謝を申し上げます。

　世界文化社の私の前回の著書『「気になる子」にど
う対応すればいい？』にイラストを描いてくださっ
たcotolieさんには、今回もかわいいイラストを描
いていただきました。ありがとうございました。

　素敵なデザインで読みやすくしてくださった、デ
ザイナーの嶋岡誠一郎さん、そして、最初から私
の考えに共感してくださり、出版のために努力し
てくださった世界文化社の飯田俊さん、ありがと
うございました。

　子どもたちはおとなになるのです。この生きに
くさを抱えた子どもたちが少しでも「過ごしやすく」
「暮らしやすく」なるために、保育者の皆さんのほ
んとうの支援が必要です。

2017年、夏　　上原　文

上原　文

1950年生まれ。(株)日本データ社会福祉研究所副所長、教育福祉研究室室長、精神保健福祉士。日本福祉大学社会福祉学部卒、横浜国立大学大学院教育学研究科修士課程修了。神奈川県立保健福祉大学特別研究員を経て現職。横浜市の地域療育センターにソーシャルワーカーとして35年勤務、現場を熟知する。現在、全国で幼稚園教諭・保育園保育士・小学校教員に研修とコンサルテーションを行う。著書に『「気になる子」にどう対応すればいい?』(世界文化社)、『私のソーシャルワーカー論―理論を実践に』(株式会社おうふう)、『あなたのクラスの気になるあの子』『ほんとうの家族支援とは―子どものまわりにいるすべての先生方へ』(ともにすずき出版)、『「気になる子」の未来のために』(フレーベル館)などがある。

参考文献
『月刊保育ナビ2012年4月号』(フレーベル館)
『こどもへのまなざし』(佐々木正美　福音館)
『なるほど！赤ちゃん学』(玉川大学赤ちゃんラボ)
『母という病』(岡田尊司　ポプラ社)
『幼児期と社会』(E.H.エリクソン著　仁科弥生訳　みすず書房)

表紙・本文イラスト	cotolie(コトリエ)
写真協力	横浜市：幸ケ谷幼稚園
	川崎市：ちよがおか幼稚園
表紙・本文デザイン	嶋岡誠一郎
編集企画	飯塚友紀子　飯田　俊
校正	円水社

「気になる子」には こう対応してみよう

発行日	2017年8月1日　初版第1刷発行
著　者	上原　文
発行者	髙林祐志
発　行	株式会社世界文化社
	〒102-8187　東京都千代田区九段北4-2-29
電　話	03-3262-5474(編集部)
	03-3262-5115(販売部)
印刷・製本	図書印刷株式会社

©Fumi Uehara,2017.Printed in Japan
ISBN978-4-418-17718-9
無断転載・複写を禁じます。定価はカバーに表示してあります。
落丁・乱丁のある場合はお取り替えいたします。